일본어 독해력 완성 프로그램
다락원 일한 대역문고

초급 1

일본 초등학교
1학년 국어 교과서선

日本の小学校1年生の国語教科書選

岡信子・高田桂子・川北亮司・安藤美紀夫・岸なみ・香山美子・
川村たかし 著 | 조주희・박송춘 訳註

다락원

머리말

『다락원 일한 대역문고』 초급 시리즈는 기초가 약한 학습자들이 일본어 명문들을 즐겁고 효과적으로 읽으며 중급 수준으로 독해력을 발전시키는 것을 목표로 만들었습니다.

어느 정도 일본어의 구조를 익히고 난 초보 학습자가 가장 절실히 느끼는 어려움은 아마도 자연스런 일본어 표현능력과 어휘력의 부족일 것입니다. 초급에서 단문(短文)의 기본문형 연습만 하다가 갑자기 복문(複文), 중급 문형, 관용구 등이 속출하는 중급 교재로 건너뛰면서 학습에 흥미를 잃고 마는 것이 지금까지 일반 학습자들이 밟아온 전철이었기 때문입니다.

그런 점에서 현행 일본 초등학교 국어 교과서에 실린 명문을 비롯한 옛날이야기, 만담, 신화 등 다양한 장르의 이야기들로 구성된 『다락원 일한 대역문고』 시리즈는 쉽고 재미있게, 정확하고 자연스러운 일본어 문장을 익히는 데 좋은 길잡이가 되어 줄 것입니다.

『다락원 일한 대역문고』 시리즈는 사전 없이 편리하게 학습할 수 있도록, 어휘 풀이는 물론 주요 문형에 대한 자세한 해설과 예문을 함께 실었습니다. 본문의 대역은 어휘의 정확한 뜻 전달을 위해 의역(意譯)보다는 직역(直譯)에 가깝도록 했고, 원어민의 정확한 발음으로 녹음된 오디오로 듣기 능력 향상까지 함께 기대할 수 있습니다. 『다락원 일한 대역문고』 시리즈로 일본어를 읽고 듣는 재미를 느껴보시기 바랍니다.

여러분의 일본어 학습에 도움이 되기를 바랍니다.

다락원 일한 대역문고 연구회

『다락원 일한 대역문고』이렇게 보세요

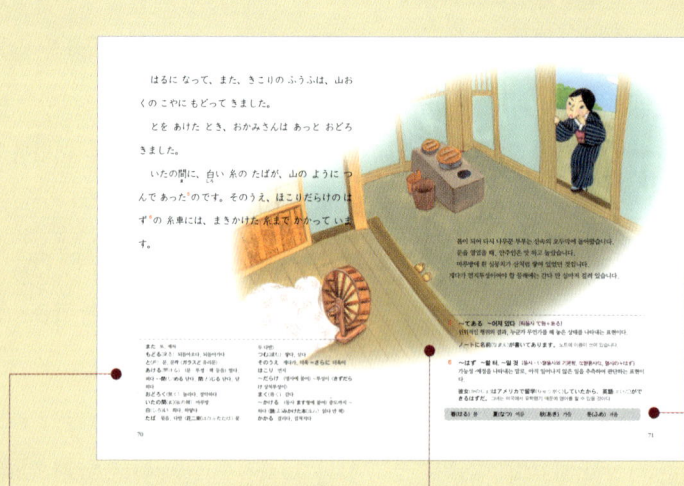

어휘 설명
자세한 해설과 함께, 히라가나로 실린 단어 중 한자를 알아두면 좋은 어휘에는 한자 표기를 병기했습니다.
사진 자료는 어휘 해설에 대한 빠르고 정확한 이해를 도와줍니다.

문형 해설
주요 문형의 뜻풀이와 접속을 예문과 함께 알기 쉽게 정리했습니다.

보충 해설
내용 이해와 문법적인 접속 이해를 도와줍니다.

일러두기
일본어의 한국어 표기는 다음과 같습니다.
장음은 단음으로 표기했습니다. 예 大阪 — 오사카
발음 표기는 로마자 표기의 발음에 따랐습니다. 예 つかう (tsukau) — 츠카우
촉음 은 'ㅅ'으로 표기했습니다.

CHECK UP
내용 이해와 더불어 중요 문형에 대한 학습이 깊어집니다.

 MP3 파일
원어민 성우의 정확한 내레이션으로 듣는 즐거움도 쌓으세요.

문형 접속 해설에 쓰인 활용형의 설명은 다음과 같습니다.
ます형(연용형) — ます가 붙기 이전의 형태
ない형(부정형) — ない가 붙기 이전의 형태
て형・た형(과거형) — 각각 て・た가 붙은 형태
な형용사・명사の — な형용사의 어간에 な가 붙은 형태, 명사에 の가 붙은 형태
동사・い형용사・な형용사의 기본형 — 동사・い형용사는 사전에 실려 있는 형태, な형용사는 어간에 だ가 붙은 형태
보통형 — 기본형, 부정형, 과거형, 과거부정형

목차

◉ TRACK 1 꽃길
はなの みち | 岡信子
　　　　　　　おかのぶこ　　　　　　　　　　10

◉ TRACK 2 이상해 이상해
ふしぎ ふしぎ | 高田桂子
　　　　　　　たかだけいこ　　　　　　　　　16

◉ TRACK 3 느긋한 숲의 코끼리 아저씨
のんびり森の ぞうさん | 川北亮司
　　　　　もり　　　　　　かわきたりょうじ　　30

◉ TRACK 4 서로 다툰 산
けんかした 山 | 安藤美紀夫
　　　　　　やま　　あんどうみきお　　　　　50

◉ **TRACK 5** 너구리의 물레
たぬきの 糸車 | 岸なみ
　　いと ぐるま　　きし
60

◉ **TRACK 6** '부디~' 의자
どうぞの いす | 香山美子
　　　　　　　こうやまよしこ
82

◉ **TRACK 7** 하늘로 올라간 통메장이
天に のぼった おけや | 川村たかし
　てん　　　　　　　　　かわむら
102

CHECK UP 해답　　　　　　　　　126

일본 초등학교
1학년 국어교과서선

日本の小学校1年生の国語教科書選

はなの みち

岡信子
おかのぶこ

　くまさんが、ふくろを みつけました。

　「おや、なにかな。いっぱい はいって いる[1]。」

　くまさんが、ともだちの りすさんに、ききに いき[2]ました。

- はな(花) 꽃
- みち(道) 길
- くま 곰
- ～さん ～씨, ～님
- ふくろ 주머니
- みつける(見つける) 발견하다
- おや 아니, 어머나 〈의외의 일에 대한 가벼운 놀람이나 의문을 나타냄〉
- なに(何) 무엇
- ～かな ～일까? 〈가벼운 의문을 나타냄〉
- いっぱい 가득
- はいる(入る) 들다, 들어가다, 들어오다
- ともだち(友だち) 친구
- ～の ～인
- りす 다람쥐
- ～に ～에게
- きく(聞く) 듣다, 묻다

꽃길

오카 노부코

곰 아저씨가 주머니를 발견했습니다.
"어, 뭘까? 가득 들어 있네!"
곰 아저씨가 친구인 다람쥐에게 물으러 갔습니다.

---

1 **～ている　～어 있다(상태)**　[자동사 て형+いる]
   동작이 행해진 상태에 중점을 두는 표현이다.

   窓(まど)が開(あ)いています。 문이 열려 있습니다.

2 **～に い(行)く　～하러 가다**　[동사 ます형+に行く]
   동작의 목적을 나타낸다.

   きのうは友だちと一緒(いっしょ)に映画(えいが)を見に行きました。
   어제는 친구와 같이 영화를 보러 갔습니다.

くまさんが、ふくろを あけました。なにも ありません。

「しまった。あなが あいて いた。」

あたたかい かぜが ふきはじめました[3]。

ながい ながい、はなの いっぽんみちが できました。

- あける(開ける) 열다
- なにも(何も) 아무것도
- しまった 아차, 아뿔싸 〈자기도 모르게 실수 했을때 내는 말〉
- あな(穴) 구멍
- あく(開く) 뚫리다, 열리다
- あたたかい(暖かい) 따뜻하다, 따스하다
- かぜ(風) 바람
- ふく(吹く) 불다, 날리다
- ながい(長い) 길다 ↔みじかい(短い) 짧다
- いっぽんみち 외길
- できる 생기다

곰 아저씨가 주머니를 열었습니다.
아무것도 없습니다.
"아뿔싸!! 구멍이 나 있었네!"

따뜻한 바람이 불기 시작했습니다.

길고 긴 한줄기 꽃길이 생겼습니다.

3 　~はじめる ~(하)기 시작하다　[동사 ます형+はじめる]
　　어떤 일의 시작, 개시를 나타낸다.

　　　雪(ゆき)が降(ふ)りはじめました。　눈이 내리기 시작했습니다.

✓ CHECK UP

지금까지 「はなの みち」에서 익힌 표현들을 모았습니다.
내용을 상기하면서 풀어보고, 일반 회화에도 응용해 보기 바랍니다.

1 다음 그림을 보고 알맞은 단어를 ⬜에서 골라 써 넣으세요.

❶ _____ ❷  _____ ❸  _____ ❹ _____

> あな   りす   くま   ふくろ

2 다음 그림을 보고 보기와 같이 문장을 만드세요.

보기   くまさんが りすに _きき_ に いきました。

[きく 묻다]

❶  ともだちと コーヒーを _____ に いきました。

[のむ 마시다]

❷  おとうとと えいがを _____ に いきました。

[みる 보다]

❸  かれは 本を _____ に いきました。

[かう 사다]

❹ としょかんへ ＿＿＿＿＿ に いきました。

[べんきょうする 공부하다]

3 다음은 곰 아저씨 집입니다. 그림을 보고 보기와 같이 문장을 완성하세요.

| 보기 | ふくろの 中に 何か いっぱい <u>はいって</u> います。[はいる] |

❶ ふくろに あなが ＿＿＿＿＿ います。[あく]

❷ かべに えが ＿＿＿＿＿ います。[かかる]
　[かべ 벽　え 그림]

❸ 部屋の 中に ストーブが ＿＿＿＿＿ います。[つく]
　へ や

❹ まどが ＿＿＿＿＿ います。[しまる]

ふしぎふしぎ

高田桂子
たかだけいこ

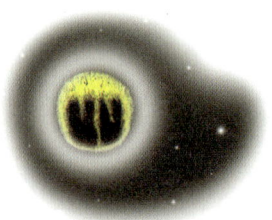

まんまるい お月さまが、山の うえに のぼって きました[1]。

くまさんが、きつねさんに いいました。

「お月さまに、だれか いるみたい[2]。」

- ふしぎだ(不思議だ) 이상하다, 희한하다
- まんまるい 동그랗다, 아주 둥글다
- お月(つき)さま 달님〈お日(ひ)さま 해님〉
- 山(やま) 산
- うえ(上) 위
- のぼる(上る) 오르다 ↔ おりる(下りる) 내려오(가)다
- きつね 여우
- いう(言う) 말하다
- だれか 누군가
- いる 있다

이상해 이상해

타카다 케이코

아주 동그란 달님이 산 위에 올라왔습니다.
곰님이 여우님에게 말했습니다.
"달님에게 누군가 있는 모양이야."

1 **〜てくる 〜 해 오다** [동사 て형+くる]
   조금씩 진행되어 차차 그런 상태가 됨을 나타낸다.

   だんだん夜(よる)が明(あ)けてきます。 점점 날이 밝아 옵니다.

2 **〜みたいだ 〜 같다** [동사・い형용사의 기본형, な형용사의 어간, 명사+みたいだ]
   비교, 추량, 예시 등을 나타내거나 사물의 상태, 성질, 모습 등에 대해 말하는 사람의 주관적인 느낌을 말할 때 쓴다. 주로 회화에서 많이 사용된다.

   おもちゃみたいな家(いえ)。 장난감 같은 집.

きつねさんも、そらを みあげて いいました。

「ほんとうだ。かげが うつって いる。だれだろう³。」

くまさんと きつねさんは、おおきな こえで よんで みました⁴。

「おうい。」

お月さまは、ゆっくりと おりて きました。

- そら(空) 하늘
- みあげる(見上げる) 올려다보다 ↔見下(みお)ろす 내려다보다
- ほんとう(本当) 정말
- かげ(影) 그림자
- うつる(映る) (모양・그림자 등이) 비치다
- おおきな(大きな) 커다란
- こえ(声) 소리, 목소리
- よぶ(呼ぶ) 부르다
- ゆっくりと 천천히
- おりる(下りる) 내리다, 내려오(가)다

여우님도 하늘을 올려다보고 말했습니다.
"정말이네. 그림자가 비치고 있어. 누굴까?"
곰님과 여우님은 큰 소리로 불러 보았습니다.
"어이."
달님은 천천히 내려왔습니다.

3   **~だろう ~일까?, 이겠지** [동사·い형용사의 기본형, な형용사의 어간, 명사+だろう]
    추량·의문·부드러운 단정을 나타낸다.

    富士山(ふじさん)は高(たか)いだろう。 후지산은 높겠지.

> だろう는 억양에 따라 의미가 달라지는데, 억양을 내려 말하면 추측이나 부드러운 단정이 되고, 올려 말하면 확인을 구하는 말이 된다.

4   **~てみる ~해 보다** [동사 て형+みる]
    어떤 동작을 시험 삼아 해 본다는 뜻을 나타낸다.

    これ、食べてみませんか。 이거 먹어 보지 않을래요?

ながい みみが、お月さまから ぴょこんと とびだしました。

　くまさんと きつねさんは、めを まるく しました。

　「あっ、うさぎさんだ。なにを しているの。」

　「ぺったん ぺったん おもちつき。」

　うさぎさんたちは、こたえました。

- みみ(耳)　귀
- ぴょこんと　불쑥, 쑥, 팔짝
- とびだす(飛び出す)　뛰어나오다
- め(目)　눈
- まるく　둥글게〈まるい 둥글다〉
- うさぎ　토끼
- ～の　～니?, ～요?〈질문을 부드럽게 함〉
- ぺったん　쿵덕
- おもちつき　떡치기〈もちをつく 떡을 치다〉
- ～たち　～들
- こたえる(答える)　대답하다

긴 귀가 달님으로부터 쑥 튀어나왔습니다.
곰님과 여우님은 눈을 동그랗게 떴습니다.
"앗, 토끼님이다. 뭘 하고 있는 거야?"
"쿵덕쿵덕 떡치기."
토끼님들은 대답했습니다.

「いいな、いいな。ぼくたちも、おもちつき したいな。」

くまさんと きつねさんは、こえを そろえて いいました。

「かわりばんこに おもちつき しましょう。」

そう いって、うさぎさんたちは、お月さまから とびおりました。

- いい 좋다
- 〜な 〜구나〈감동・영탄을 나타냄〉 = 〜なあ
- ぼく〈僕〉 나〈남성어〉 ↔君(きみ) 너
- こえをそろえる 목소리를 모으다
- かわりばんこ 교대, 교대로 함
- 〜しましょう 〜합시다〈する의 청유형, しよう의 공손체〉
- そう 그렇게
- とびおりる〈飛び下りる〉 뛰어내리다

"와! 좋겠다, 좋겠다! 우리들도 떡치기 하고 싶다."
곰님과 여우님은 한목소리로 말했습니다.
"교대로 떡치기 해요."
그렇게 말하고 토끼님들은 달님으로부터 뛰어내렸습니다.

5 ～たい ～(하)고 싶다 [동사 ます형+たい]
1인칭과 2인칭의 희망을 나타내는 말로, 조사 를 쓰는 경우도 있지만 가를 더 많이 쓴다.

おもしろい本が読みたいです。 재미있는 책을 읽고 싶습니다.

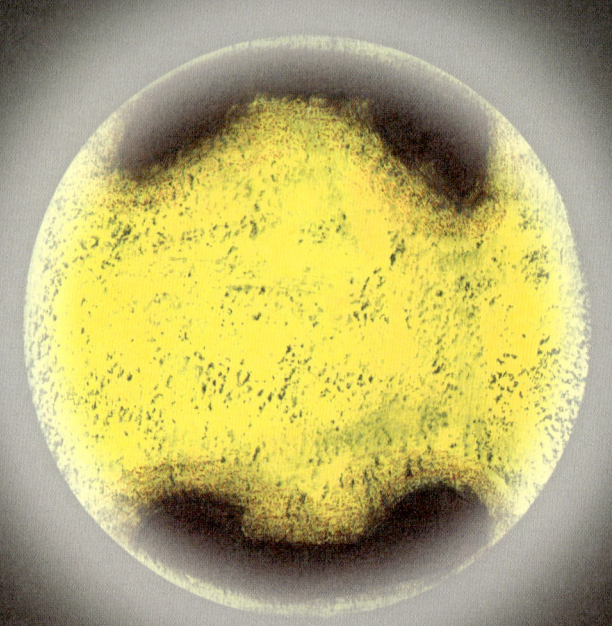

のはらで、ぴょんぴょん とびはねたく なった のです。

それから、ふしぎ ふしぎ。

いろいろな かたちの みみの かげが、お月さま に うつるように なりました。

- のはら(野原) 들판
- ぴょんぴょん 깡충깡충
- とびはねる(飛びはねる) 날 듯이 뛰어오르다, 날뛰다
- それから 그리고 나서
- いろいろな 여러 가지
- かたち(形) 모양, 형태

들판에서 깡총깡총 뛰어놀고 싶어졌던 것입니다.
그리고 나서 이상해 이상해.
여러 가지 모양의 귀 그림자가 달님에 비치게 되었습니다.

6 ～なる ～어지다, ～이 되다 [い형용사 어간+くなる, な형용사 어간・명사+になる]
　　상태의 변화를 나타낸다.

　　彼(かれ)は顔(かお)が赤くなりました。 그는 얼굴이 붉어졌습니다.

7 ～のです ～인 것입니다
　　～のです는 강조와 설명의 두 가지 기능이 있는데, 말하는 사람이 듣는 사람에게
　　무언가를 전하고 싶은 기분이 강함을 나타낸다. 회화에서는 ～んです를 많이 쓴다.

　　A : 今、忙(いそが)しいんですか。 지금 바쁘세요?
　　B : ええ、あしたが締(し)め切(き)りなんです。 네, 내일이 마감이거든요.

8 ～ようになる ～하게 되다 [동사 기본형+ようになる]
　　어떠한 상태로 바뀐다는 상태의 변화를 나타낸다.

　　日本語に興味(きょうみ)を持つようになりました。
　　일본어에 흥미를 갖게 되었습니다.

✅ CHECK UP

지금까지 「ふしぎ ふしぎ」에서 익힌 표현들을 모았습니다.
내용을 상기하면서 풀어보고, 일반 회화에도 응용해 보기 바랍니다.

1 보기와 같이 그림을 보고 ⬭에서 알맞은 말을 찾아 써 넣으세요.

ぴょこんと　　ぺったん　　ぴょんぴょん　　ゆっくり

보기  ながい みみが お月さまから　ぴょこんと
とびだしました。

❶ うさぎさんたちは のはらで _____
とびはねたく なりました。

❷ お月さまは _____ と おりて きました。

❸ うさぎさんたちが _____ と おもちつきを
して います。

2 다음 그림을 보고 보기와 같이 바꿔 써 보세요.

> 보기 いろいろな かたちの みみが お月さまに <u>うつる</u> ように なりました。
>
> [うつる 비추다]

❶ 田中(たなか)さんは きのうから _____ ように なりました。
[勉強(べんきょう)する 공부하다]

❷ 日本人と _____ ように なりました。
[話(はな)せる 말할 수 있다]

❸ 田中さんは 約束(やくそく)を _____ ように なりました。
[守(まも)る 지키다]

❹ うちの 子は 夜(よる) 早(はや)く _____ ように なりました。
[寝(ね)る 자다]

❺ 田中さんは 毎朝(まいあさ) _____ ように なりました。
[運動(うんどう)する 운동하다]

✅ CHECK UP

3 일본에 간다면 어디에 가 보고 싶습니까? 다음 물음에 따라 「はい」나 「いいえ」로 대답한 후 화살표를 따라가 봅시다. ［はい：➡　いいえ：⇨］

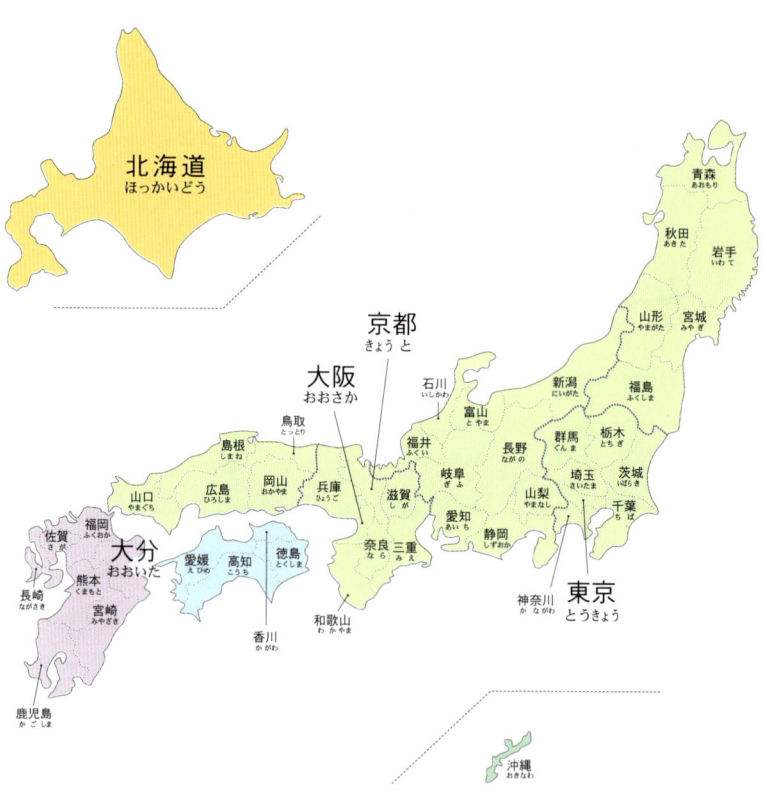

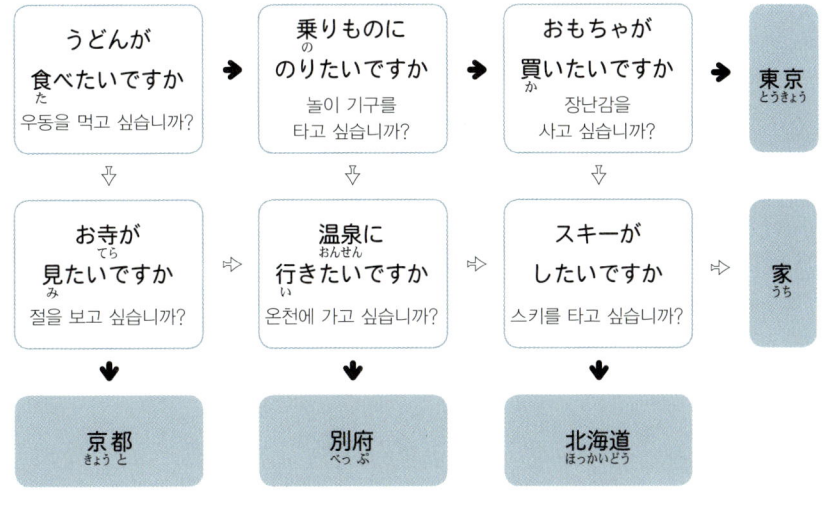

のんびり森の ぞうさん
もり

川北亮司
かわきたりょうじ

のんびり森の どうぶつたちは のんびりやˇさんばかり。なかでも、赤い うちに すんで いる ぞうさんは、いちばんの のんびりやさんでした。
　ある日、ぞうさんの ところに、見た ことのない¹ うさぎさんが やってきました。

- のんびり 한가로운, 태평한, 느긋한
- 森(もり) 숲
- ぞう(象) 코끼리
- どうぶつ(動物) 동물
- ～ばかり ～만, ～뿐
- なか(中) 가운데, (범위) 내, 중
- 赤(あか)い 빨갛다
- うち(家) 집
- すむ(住む) 살다
- いちばん(一番) 가장, 제일
- ある日(ひ) 어느 날
- ところ 곳, 장소
- 見(み)る 보다
- やってくる 찾아오다, 오다

느긋한 숲의 코끼리 아저씨

카와키타 료지

느긋한 숲의 동물들은 느긋한 이들뿐. 그 중에서도 빨간 집에 살고 있는 코끼리 아저씨는 가장 느림보 아저씨였습니다.

어느 날, 코끼리 아저씨가 살고 있는 곳에 본 적이 없는 토끼 씨가 찾아왔습니다.

1 **~たことがない　~한 적이 없다** [동사 た형+ことがない]

과거 경험의 유무를 나타내는 표현으로, ~たことがない는 과거에 어떠한 경험이 없음을 나타내고, ~たことがある(~한 적이 있다)는 경험이 있음을 나타낸다. 명사나 명사구를 꾸며 줄 때에는 が 대신 の가 와서 ~たことのない의 형태가 되기도 한다.

田中という人は、会(あ)ったことのない人です。
타나카라고 하는 사람은 만난 적이 없는 사람입니다.

★ **~や(屋)　~사람, ~쟁이**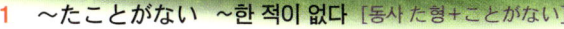

명사에 붙어 그런 버릇이나 성질을 가진 사람임을 나타낸다.

はずかしがりや　부끄럼쟁이

「はじめまして、こんにちは。きょう、この 森に ひっこして きました。よろしく。」

うさぎさんは、いそがしそうに ²ぴょんぴょん はねて、はがきを 四(よん)まい わたしたのです。

「ゆうびんやさん、これを、いそいで 森の みんなに はいたつして ください³。」

- はじめまして　처음 뵙겠습니다
- こんにちは　안녕하세요〈낮 인사〉
- きょう(今日)　오늘
- ひっこす(引っ越す)　이사하다
- よろしく　잘〈'잘 부탁합니다'의 의미인 よろしくお願(ねが)いします에서 お願いします가 생략된 형태임〉
- いそがしい(忙しい)　바쁘다
- ぴょんぴょん　깡총깡총
- はねる(跳ねる)　뛰다, 뛰어오르다
- はがき(葉書)　엽서
- 〜まい(枚)　〜장, 〜매
- わたす(渡す)　건네다
- ゆうびんや(郵便屋)　우편집배원
- いそぐ(急ぐ)　서두르다
- みんな　모두
- はいたつ(配達)　배달

"처음 뵙겠습니다. 안녕하세요. 오늘 이 숲에 이사 왔습니다. 잘 부탁해요."
토끼 씨는 바쁜 듯이 깡충깡충 뛰어 엽서를 4장 건네주었던 것입니다.
"우체부 아저씨, 이것을 서둘러 숲의 모두에게 배달해 주세요."

2. **~そうだ ~(인) 것 같다, ~(인) 듯하다**
   [동사 ます형, い형용사·な형용사의 어간+そうだ]
   양태를 나타낸다. 말하는 사람이 보거나 들은 것을 바탕으로 한 느낌을 말하는 표현이다.

   雨(あめ)が降(ふ)りそうです。 비가 내릴 것 같습니다.

3. **~てください ~해 주세요** [동사 て형+ください]
   의뢰나 정중한 명령을 나타낸다.

   ボタンを押(お)してください。 버튼을 눌러 주세요.

おや、いつから わたしは、ゆうびんやさんに なったのだろう。ぞうさんが、のんびり かんがえはじめた ときでした。

「赤い おうちは ゆうびんやさんでしょ。」

　うさぎさんに そう いわれて*、ぞうさんは、そうか、それは すてきだなと おもいました4。

　うさぎさんが、かえってから5、ぞうさんは、はがきをつくえの上に ならべました。

□ いつから　언제부터
□ かんがえはじめる(考えはじめる)　생각하기 시작하다
□ ～とき(時)　～때, ～란
□ ～でしょ(う)　～겠지요
□ いわれる(言われる)　듣다〈言う(말하다)의 수동형〉
□ すてきだ　멋지다, 훌륭하다
□ かえる(帰る)　돌아가다, 돌아오다
□ つくえ(机)　책상
□ ならべる(並べる)　늘어놓다, 나란히 놓다

이런, 언제부터 나는 우체부 아저씨가 된 걸까? 코끼리 아저씨가 느긋하게 생각하기 시작했을 때였습니다.

"빨간 집은 우체국이지요?"

토끼 씨가 그렇게 말하니 코끼리 아저씨는 그런가? 그거 멋진데! 하고 생각했습니다.

토끼 씨가 돌아가고 나서 코끼리 아저씨는 엽서를 책상 위에 늘어놓았습니다.

4 　～とおも(思)う　～라고 생각하다
　　[동사·い형용사·な형용사의 기본형, 명사だ＋とおもう]
　　말하는 사람의 주관적인 판단·개인적인 의견임을 나타낸다.

　　あしたはたぶん雨(あめ)が降(ふ)らないとおもう。
　　내일은 아마 비가 오지 않을 거라고 생각한다.

5 　～てから　～(하)고 나서　[동사 て형＋から]
　　하나의 일을 끝내고 나서 다음 일을 한다는 표현으로, 일의 진행 순서를 분명히 할 때 쓴다.

　　ごはんを食べてから、薬(くすり)を飲みます。 밥을 먹고 나서 약을 먹습니다.

★ 동사 수동형 만들기	
1그룹 동사	어미를 ア단으로 바꾼 다음 れる를 붙인다. 書く→書かれる　読む→読まれる
2 그룹 동사	어미 る를 られる로 바꾼다. 見る→見られる　食べる→食べられる
불규칙 동사	する→される　来る→来(こ)られる

「ほほう、かばさんと しまうまさんと ふくろうさんと ぞうさんにだな。……おや、ぞうさんというのは、もしかしたら、わたしの こと*だぞ。」

ぞうさんは うれしく なりました。

「あした、 ひっこしの おいわいか。たのしいぞ。」

ぞうさんは、はがきを なんども よみました。気がつくと、森は すっかり よるでした。

- かば 하마
- しまうま 얼룩말
- ふくろう 올빼미
- 〜という 〜라고 하는
- もしかしたら 어쩌면 =もしかすると
- うれしい 기쁘다
- あした(明日) 내일
- ひっこしのおいわい(祝い) 집들이
- たのしい(楽しい) 즐겁다, 재미있다
- 〜ぞ 〜걸, 〜구나〈문말에 붙어 강조를 나타냄〉
- なんども(何度も) 몇 번이나
- よむ(読む) 읽다
- 気(き)がつく (눈에 띄거나 하여) 어떤 것이 생각에 미치다
- すっかり 완전히, 아주
- よる(夜) 밤

"호호, 하마 씨와 얼룩말 씨와 올빼미 씨와 코끼리 아저씨에게로구나.……
이런! 코끼리 아저씨라고 하면 어쩜 나를 말하는 거네."
코끼리 아저씨는 기분이 좋아졌습니다.
"내일 집들이인가? 재미있겠는걸!"
코끼리 아저씨는 엽서를 몇 번이고 읽었습니다. 정신을 차리니 숲은 완전히 밤이었습니다.

6　**～と　～하자, ～하니**　[활용어의 종지형＋と]
　　'～했을 때(～한 뒤에) …하는' 상황을 나타낸다.

　　トンネルを抜(ぬ)けると海が広(ひろ)がっていた。
　　터널을 빠져나가자 바다가 펼쳐져 있었다.

* **～こと**
　어떤 사람이 동작이나 감정의 대상이 되는 것을 나타낸다.
　彼は私のことがすきだと言ってくれた。 그는 내가 좋다고 말해 주었다.

さて、つぎの 日の あさ、ぞうさんは はいたつに 出かけました。でも、のんびり森を のんびり あるきましたから、かばさんの うちに ついた ときは、もう よるでした。

「あした、うさぎさんの おいわいが あるよ。」

ほんとうに、ぞうさんは のんびりやさんです。

きのうから 一日 たって いるのも 気に ならないようすで、はがきを わたしました。

- さて 그런데, 한편 〈다른 화제로 바꿀 때 쓰는 말〉
- つぎの 日(ひ) 다음날
- あさ(朝) 아침
- 出(で)かける 나서다, 나가다
- でも 하지만
- あるく(歩く) 걷다
- 〜から 〜니까, 〜때문에 〈앞의 일이 뒤의 일의 원인・이유가 됨을 나타냄〉
- つく(着く) 닿다, 도착하다
- もう 벌써, 이미
- おいわい(お祝い) 축하, 축하 행사
- 〜よ 〜요 〈문말에 붙어 강조와 주장을 나타내는 표현〉
- ほんとうに 정말로
- きのう(昨日) 어제
- 一日(いちにち) 하루
- たつ(経つ) (시간・세월이) 지나다, 흐르다
- 気(き)になる 걱정이 되다
- ようす(様子) 모양, 모습

한편, 다음날 아침, 코끼리 아저씨는 배달하러 나섰습니다. 하지만 느긋한 숲을 느긋하게 걸었기 때문에 하마 씨의 집에 닿았을 때는 이미 밤이었습니다.
"내일 토끼 씨의 집들이가 있어."
정말로 코끼리 아저씨는 느긋한 아저씨입니다.
어제부터 하루 지나 있는 것도 걱정되지 않는 모습으로 엽서를 건넸습니다.

「まあ、それは たのしみだわ。」

かばさんは、にっこり わらって いいました。

ところが、ちょうど その ころ、うさぎさんは、かなしくて なきつづけ⁷て いました。白い ふさふさした けは、なみだで びしょびしょに ぬれて いました。だって、せっかくの おいわいに、だれも きて くれ⁸なかったからです。

- まあ 어머, 어머나 〈놀라거나 뜻밖의 일을 당했을 때 내는 소리〉
- たのしみ 즐거움, 재미
- ～わ ～네, ～걸 〈문말에 붙어 놀람·영탄·감동을 나타냄〉
- にっこり 방긋
- わらう(笑う) 웃다 ↔泣(な)く 울다
- ところが 그런데, 그러나
- ちょうど 마침
- そのころ 그 무렵, 그쯤
- かなしい(悲しい) 슬프다
- なきつづける(泣きつづける) 계속 울다
- 白(しろ)い 하얗다
- ふさふさした 복슬복슬한
- け(毛) 털
- なみだ(涙) 눈물
- びしょびしょ 흠뻑 젖은 모양
- ぬれる 젖다
- だって 왜냐하면 〈상대의 말을 그대로 받아들이지 않고 반론하는 경우에 씀〉
- せっかく 모처럼

"어머나, 그거 재미있겠네요."

하마 씨는 방긋 웃으며 말했습니다.

그런데 마침 그때, 토끼 씨는 슬퍼서 계속 울고 있었습니다. 하얀 복슬복슬한 털은 눈물로 흠뻑 젖어 있었습니다. 왜냐하면 모처럼의 집들이에 아무도 와 주지 않았기 때문입니다.

7 〜つづける 계속 〜하다 [동사 ます형+つづける]
동작의 계속을 나타낸다.

このボタンを押(お)しつづけている間(あいだ)フォーカスが移動(いどう)します。 이 버튼을 계속 누르고 있는 동안에 포커스가 이동합니다.

8 〜てくれる (남이 나에게 무언가를) 〜해 주다 [동사 て형+くれる]
말하는 사람을 위해 누군가가 어떤 행위를 해 주는 것을 나타낸다.

彼は、私の名前(なまえ)を呼(よ)んでくれた。 그는 내 이름을 불러 주었다.

さて、つぎの 日です。あさから かばさんは、ていねいに おけしょうを して、リボンを つけ、おひるごろ、うさぎさんの うちに 出かけて いきました。

ぞうさんは、きょうは、しまうまさんの ところに はいたつです。でも、のんびり森を のんびり あるきましたから、しまうまさんに はがきを わたしたときは、やっぱり よるでした。

- ていねいに(丁寧に) 공들여, 정성들여
- おけしょう(化粧) 화장〈お는 미화어〉
- リボンをつける 리본을 달다
- ひる(昼) 점심
- 〜ごろ 〜경, 〜쯤, 〜무렵
- やっぱり 역시 =やはり

자, 다음날입니다. 아침부터 하마 씨는 공들여 화장을 하고 리본을 달고 점심 무렵에 토끼 씨의 집으로 나섰습니다.

코끼리 아저씨는 오늘은 얼룩말 씨 집에 배달합니다. 하지만 느긋한 숲을 느긋하게 걸었기 때문에 얼룩말 씨에게 엽서를 건넸을 때는 역시 밤이었습니다.

「あした、うさぎさんの おいわいなんだね。」

しまうまさんは うれしそうに いいました。

その つぎの 日、ふくろうさんの ところでも おなじだったのです。

ところで、ぞうさんが がんばって はいたつを おえた つぎの 日、うさぎさんの うちに ついた とき、どうだったでしょう。

- おなじだ(同じだ) 마찬가지다, 같다
- ところで 그런데 〈화제를 바꿀때 쓰는 말〉
- がんばる 애쓰다, 노력하다
- おえる(終える) 끝마치다, 끝내다 ↔始(はじ)める 시작하다

"내일, 토끼 씨의 집들이군요."
얼룩말 씨는 기쁜 듯이 말했습니다.
그 다음날, 올빼미 씨 집에도 마찬가지였습니다.
그런데 코끼리 아저씨가 애써서 배달을 마친 다음날, 토끼 씨 집에 도착했을 때 어땠을까요?

中から、たのしい みんなの はなしごえが きこえて きたのです。

おいわいは、一日 おくれて はじまりましたけれど、きょうで 三日も つづいて いたのです。

「みんな、あつまるのが はやいんだなあ。」

花たばを もった ぞうさんは、にっこり わらって のんびりと つぶやきました。

- はなしごえ(話し声) 이야깃소리
- きこえる(聞こえる) 들리다
- おくれる(遅れる) 늦다
- はじまる(始まる) 시작되다 ↔ 終(お)わる 끝나다
- ～けれど ～(이)지만
- ～で ～(으)로 〈수량을 재는 기준 등의 조건을 나타냄〉
- つづく(続く) 이어지다, 계속되다
- あつまる(集まる) 모이다
- はやい(早い) 빠르다 ↔ 遅(おそ)い 늦다
- 花(はな)たば 꽃다발
- もつ(持つ) 가지다, 지니다, 들다
- つぶやく 중얼거리다

안에서 즐거운 모두의 이야깃소리가 들려온 것입니다.
집들이는 하루 늦게 시작되었습니다만, 오늘로 3일이나 계속되고 있던 것입니다.
"모두 모이는 게 빠르네."
꽃다발을 든 코끼리 아저씨는 방긋 웃으며 느긋하게 중얼거렸습니다.

 **CHECK UP** 지금까지 「のんびり 森の ぞうさん」에서 익힌 표현들을 모았습니다. 내용을 상기하면서 풀어보고, 일반 회화에도 응용해 보기 바랍니다.

1 다음 글자들 속에 숨어 있는 단어를 찾아보세요.

보기   のんびり

あ	け	ゆ	て	と	こ	ろ	び
さ	え	ふ	の	す	ん	い	か
う	さ	ぎ	ん	こ	に	せ	ば
な	へ	ら	び	ぬ	ち	を	た
る	し	も	り	ひ	は	が	き
じ	ろ	に	む	ま	わ	よ	そ
お	つ	く	え	ふ	く	ろ	う

2 다음 그림을 보고 보기와 같이 「そうだ」를 연결하여 문장을 만드세요.

보기 うさぎさんは いそがしそうに ぴょんぴょん はねました。
[いそがしい 바쁘다]

❶ この パンは _____ そうです。
[おいしい 맛있다]

❷ 雨が _____ そうです。
[降る 내리다]

❸ こどもが _____ そうです。
[泣く 울다]

❹ 本が _____ そうです。
[落ちる 떨어지다]

❺ この とけいは _____ そうです。
[高い 비싸다]

3 다음 보기와 같이 주어진 단어를 밑줄 친 곳에 알맞게 바꾸어 써 넣어 보세요.

> 보기   なかでも、赤い うちに <u>すんで</u> いる ぞうさんは、いちばんの のんびりやさんでした。[すむ]

❶ きょう、この 森に _____ きました。[ひっこす]

❷ これを 森の みんなに _____ ください。[はいたつする]

❸ きのうから 一日 _____ いるのも 気に ならない ようすです。[たつ]

❹ かばさんは にっこり _____ いいました。[わらう]

けんかした 山(やま)

安藤美紀夫
あんどう み き お

たかい 山が、ならんで たって いました。

　いつも せいくらべを しては、けんかばかり して いました。

　「けんかを やめろ*。」

　お日(ひ)さまが いいました。

- けんか　다툼, 싸움
- 山(やま)　산
- たかい(高い)　높다
- ならぶ(並ぶ)　나란히 서다, 늘어서다
- たつ(立つ)　서다
- いつも　언제나
- せいくらべ(背比べ)　키재기
- ～ては　~(하)고서는, ~(하)였다가는 〈동작의 반복 발생을 나타냄〉
- ～ばかり　~만, ~뿐
- やめろ(止めろ)　그만해 〈止める(그만두다)의 명령형〉
- お日(ひ)さま　해님
- いう(言う)　말하다

서로 다툰 산

안도 미키오

높은 산이 나란히 서 있었습니다.
　언제나 키재기를 하고는 싸움만 하고 있었습니다.
　"싸움 그만해."
　해님이 말했습니다.

* 동사 명령형 만들기

1그룹 동사	어미를 エ단으로 바꾼다.	
	書く→書け	読む→読め
2그룹 동사	어미 る를 ろ로 바꾼다.	
	見る→見ろ	食べる→食べろ
불규칙 동사	する→しろ・せよ	来る→来(こ)い

お月さまも いいました。

「おやめなさい[1]。そうでないと、もりの どうぶつたちは、あんしんして ねて いられ*ないから。」

それでも、どちらの山も いう ことを ききません。

ある 日の ことでした。

とうとう、りょうほうの 山が、まけずに[2] どっと ひを ふきだしました。

- そうでないと　그렇지 않으면
- もり(森)　숲
- どうぶつ(動物)　동물
- 〜たち　〜들〈복수를 나타냄〉
- あんしん(安心)　안심
- ねる(寝る)　자다
- いられない　있을 수 없다
- それでも　그래도
- どちら　어느 쪽
- きく(聞く)　듣다
- ある日(ひ)　어느 날
- とうとう　드디어, 결국
- りょうほう(両方)　양쪽
- まけずに(負けずに)　지지 않고〈負ける(지다)의 ない형+ず(〜지 않다)+に〉
- どっと　확, 우르르, 털썩
- ひ(火)　불
- ふきだす(吹き出す)　세차게 내뿜다

달님도 말했습니다.

"그만두어라. 그렇지 않으면 숲의 동물들은 안심하고 잘 수 없으니까."

그래도 어느 쪽 산도 말을 듣지 않습니다.

어느 날의 일이었습니다.

드디어 양쪽 산이 질세라 확 불을 내뿜었습니다.

1 お〜なさい 〜(하)세요 [お+동사 ます형+なさい]

「동사 ます형+なさい」보다 조금 정중한 명령 표현이지만 손윗사람에게는 사용하지 않는다.

どうぞお入(はい)りなさい。 어서 들어오세요.

2 〜ずに 〜(하)지 않고 [동사 ない형+ずに]

부정을 나타낸다. 불규칙 동사의 경우 せず, 来(こ)ず가 된다.

日本人はいつもスプーンを使(つか)わずに食事(しょくじ)をする。
일본인은 언제나 스푼을 사용하지 않고 식사를 한다.

> ★ 동사 가능형 만들기
>
> | | | |
> |---|---|---|
> | 1 그룹 동사 | 어미를 エ단으로 바꾼 다음 る를 붙인다. | |
> | | 書く→書ける | 読む→読める |
> | 2 그룹 동사 | 어미 る를 떼고 られる를 붙인다. | |
> | | 見る→見られる | 食べる→食べられる |
> | 불규칙 동사 | する→できる | 来る→来(こ)られる |

たくさんの みどりの 木が、あっと いう まに、ひに つつまれました。

ことりたちが、くちぐちに いいました。

「お日さま。はやく くもを よんで、あめを ふらせて＊ ください。わたしたちも よびに いきますから。」

お日さまは、くもを よびました。

- たくさん 많이
- みどり(緑) 녹색
- 木(き) 나무
- あっというまに(あっという間に) 눈 깜짝할 사이에
- ～につつまれる ～에 둘러싸이다 〈～に＋包(つつ)む(둘러싸다)의 수동형〉
- ことり(小鳥) 작은 새
- くちぐち(口々) (여러 사람이 저마다 말함) 제각기
- はやく(早く) 빨리
- くも(雲) 구름
- よぶ(呼ぶ) 부르다
- あめ(雨) 비
- ふらせる 내리게 하다 〈降(ふ)る(내리다)의 사역형〉
- ～にいく ～하러 가다
- ～から ～테니까 〈문말에 쓰여, 상대편에 대하여 자기의 강한 결심을 나타냄〉

많은 녹색 나무가 눈 깜짝할 사이에 불에 휩싸였습니다.
작은 새들이 제각기 말했습니다.
"해님, 빨리 구름을 불러 비를 내리게 해 주세요. 저희들도 부르러 갈 테니까요."
해님은 구름을 불렀습니다.

★ 동사 사역형 만들기
사역형은 남에게 어떤 행위를 강요하거나 시킬 때 쓰는 표현이다.

1그룹 동사	어미를 ア단으로 바꾸고 せる를 붙인다.
	書く→書かせる　　読む→読ませる
2그룹 동사	어미 る를 させる로 바꾼다.
	見る→見させる　　食べる→食べさせる
불규칙 동사	する→させる　　来る→来(こ)させる

くろい くもが、わっさ わっさと あつまって、どんどん あめを ふらせました。

ひの きえた 山は、しょんぼりと かおを みあわせました。

一ねん、二ねん、三ねん たちました。なんねんも なんねんも たちました。
いち　に　さん

山は、すっかり みどりに つつまれました。

- くろい(黒い) 검다
- わっさわっさと 영차영차 하고
- あつまる(集まる) 모이다
- どんどん (잇따라 계속해서) 좍좍, 점점
- きえる(消える) 꺼지다
- しょんぼりと 힘없이 풀이 죽은 모양
- かお(顔) 얼굴
- みあわせる(見合わせる) 마주보다
- 〜ねん(年) 〜년
- たつ(経つ) 지나다
- なんねんも(何年も) 몇 년이나
- すっかり 완전히, 아주

먹구름이 영차영차 하고 모여 계속해서 비를 뿌렸습니다.
불이 꺼진 산은 풀이 죽어 얼굴을 마주보았습니다.
1년, 2년, 3년이 흘렀습니다. 몇 년이고 몇 년이고 지났습니다.
산은 완전히 녹색으로 둘러싸였습니다.

✅ CHECK UP

지금까지 「けんかした 山」에서 익힌 표현들을 모았습니다.
내용을 상기하면서 풀어보고, 일반 회화에도 응용해 보기 바랍니다.

1 다음 그림을 「けんかした 山」의 이야기 순서대로 나열하세요.

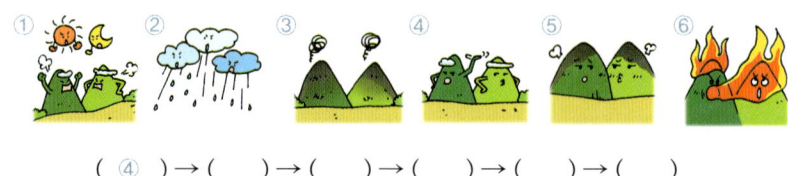

(④) → ( ) → ( ) → ( ) → ( ) → ( )

2 다음 문장을 보기와 같이 능동태와 수동태 문장으로 만들어 보세요.

보기　　　兄は 私を 起こしました。
　　　　→ 私は 兄に 起こされました。

[起こす 깨우다]

❶  となりの 人が 私の 足を ＿＿＿＿＿＿＿＿＿。
　　　　→ 私は となりの 人に 足を ＿＿＿＿＿＿＿＿＿。

[踏む 밟다]
　ふ

❷  先生は 私を ＿＿＿＿＿＿＿＿＿。
　　　　→ 私は 先生に ＿＿＿＿＿＿＿＿＿。

[呼ぶ 부르다]

❸  母は 私を ＿＿＿＿＿＿＿＿＿。
　　　　→ 私は 母に ＿＿＿＿＿＿＿＿＿。

[ほめる 칭찬하다]

❹ 友だちは 私を ＿＿＿＿＿＿＿＿＿。
　　　　→ 私は 友だちに ＿＿＿＿＿＿＿＿＿。

[さそう 권유하다]

❺ こどもは 一晩中 _____。
　ひとばんじゅう
→ お母さんは こどもに 一晩中 _____
[泣く 울다]
　な

3 다음 그림을 보고 보기와 같이 사역형 문장으로 만들어 보세요.

　보기 　母が 私に 部屋の 掃除を させました。
　　　　[そうじをする 청소하다]

❶ 先生は 私に 本を _____。
[本を 読む 책을 읽다]

❷ 母は 私に くすりを _____。
[くすりを 飲む 약을 먹다]

❸ 私は 弟に 服を _____。
[服を 洗う 옷을 빨다]
　ふく あら

❹ 母は 私を じゅくに _____。
[じゅくに 通う 입시 학원에 다니다]
　　　　 かよ

❺ 家内は 私に くだものを _____。
　かない
[買いに 行く 사러 가다]

59

たぬきの 糸車
いと ぐるま

岸 なみ
きし

　むかし、ある 山おくに、きこりの ふうふが すんで いました。山おくの 一けんやなので、まいばんのように [1] たぬきが やって きて、いたずらを しました。そこで、きこりは わなを しかけました。

- □ たぬき 너구리
- □ 糸車(いとぐるま) 물레
- □ むかし(昔) 옛날 ↔ 今(いま) 지금, 현재
- □ 山(やま)おく(山奥) 산속
- □ きこり(木こり) 나무꾼
- □ ふうふ(夫婦) 부부
- □ すむ(住む) 살다, 거주하다
- □ 一(いっ)けんや(一軒家) 외딴집
- □ ～ので ～(이)라서, ～(이)기 때문에
- □ まいばん(毎晩) 매일 밤
- □ やってくる 다가오다, 찾아오다
- □ いたずら 장난〈いたずらをする 장난을 치다〉
- □ そこで 그래서
- □ わな 덫
- □ しかける(仕掛ける) 장치하다〈わなをしかける 덫을 놓다〉

너구리의 물레

키시 나미

옛날, 어느 산속에 나무꾼 부부가 살고 있었습니다. 산속 외딴집이라서 거의 매일 밤같이 너구리가 찾아와서 장난을 쳤습니다. 그래서 나무꾼은 덫을 놓았습니다.

1. **~ように ~같이, ~처럼** [동사・い형용사의 기본형, 명사の+ように]
   예를 들거나 어떤 것에 비유하여 나타낼 때 쓰는 표현이다.
   花(はな)のように美(うつく)しい。 꽃과 같이 아름답다.

ある 月(つき)の きれいな ばんの こと、おかみさんは、糸車(いと)を まわして、糸を つむいで いました。

　キーカラカラ キーカラカラ

　キークルクル キークルクル

　ふと 気(き)が つくと、やぶれしょうじの あなから、二(ふた)つ＊の くりくりした 目玉(めだま)が、こちらを のぞいて いました。

- ☐ 月(つき)　달
- ☐ きれいだ　아름답다, 예쁘다, 깨끗하다
- ☐ こと　사건, 일
- ☐ おかみさん　안주인, 남의 아내 〈주로 상인의 아내를 일컬을 때 사용함〉
- ☐ まわす(回す)　돌리다
- ☐ つむぐ(紡ぐ)　실을 뽑다, 잣다 〈糸(いと)を つむぐ 실을 잣다〉
- ☐ からから　삐그덕 삐그덕
- ☐ くるくる　빙글빙글
- ☐ ふと　우연히, 문득

- ☐ やぶれる(破れる)　찢어지다, 깨지다
- ☐ しょうじ(障子)　장지문
- ☐ あな(穴)　구멍 〈靴下(くつした)に 穴が あく 양말에 구멍이 나다〉
- ☐ 二(ふた)つ　둘, 두 개
- ☐ くりくりした　(아주 동글동글한 모양) 동글동글한, 부리부리한
- ☐ 目玉(めだま)　눈알, 안구
- ☐ こちら　이쪽
- ☐ のぞく　(좁은 틈으로) 들여다보다, 엿보다

어느 달 밝은 날 밤, 안주인은 물레를 돌려서 실을 잣고 있었습니다.
끽- 삐그덕 삐그덕 끽- 삐그덕 삐그덕
끽- 빙글빙글 끽- 빙글빙글
문득 정신이 들자 찢어진 장지문 구멍으로부터 두 개의 동글동글한 눈알이 이쪽을 엿보고 있었습니다.

* **ひとつ** 한 개　　**ふたつ** 두 개　　**みっつ** 세 개　　**よっつ** 네 개
  いつつ 다섯 개　**むっつ** 여섯 개　**ななつ** 일곱 개　**やっつ** 여덟 개
  ここのつ 아홉 개　**とお** 열 개　　**いくつ** 몇 개

糸車が キークルクルと まわるに つれて、二つの 目玉も くるりくるりと まわりました。

　そして、月の あかるい しょうじに、糸車を まわす まねを する たぬきの かげが うつりました。

　おかみさんは、おもわず ふき出しそうに なりました[2]が、だまって 糸車を まわして いました。

- まわる(回る)　돌다, 회전하다
- 〜につれて　(동사 기본형에 연결하여) 〜함에 따라, 〜됨에 따라
- くるりくるりと　뱅그르르
- そして　그리고
- あかるい(明るい)　밝다
- まねをする　흉내를 내다
- かげ(影)　그림자
- うつる(映る)　비치다
- おもわず(思わず)　자기도 모르게, 무심코
- ふき出(だ)す　웃음을 터뜨리다
- だまる(黙る)　말을 하지 않고 있다, 잠자코 있다

물레가 빙글빙글 도는 것에 따라 두 개의 눈알도 뱅그르르 돌았습니다.

그리고 달 밝은 장지에 물레를 돌리는 흉내를 내는 너구리의 그림자가 비쳤습니다.

안주인은 자기도 모르게 웃음이 터질 뻔했습니다만, 가만히 물레를 돌리고 있었습니다.

2 **〜になる　〜이(가) 되다**　[な형용사 어간, 명사＋になる]
　상태의 변화를 나타낸다.

　雨(あめ)で町(まち)がきれいになりました。비로 마을이 깨끗해졌습니다.

それからと いう もの、たぬきは、まいばん まいばん やって きて、糸車を まわす まねを くりかえしました。

「いたずらもんだが、かわいいな。」

　ある ばん、こやの うらで、キャーッと いう さけびごえが しました。おかみさんが こわごわ いって みると、いつもの たぬきが、わなに かかって いました。

- □ それからというもの　그리고 나서 쭉 계속하여
- □ くりかえす(繰り返す) 반복하다, 되풀이하다
- □ もん　사람, 자 〈者(もの)의 회화체〉
- □ かわいい　귀엽다
- □ ～な　～구나, ～(인)걸 〈가벼운 영탄을 나타냄〉
- □ こや(小屋) 오두막
- □ うら(裏) 뒤, 뒤편
- □ さけびごえがする　비명 소리가 나다, 외침 소리가 나다 〈さけぶ의 명사형+声がする〉
- □ こわごわ　(두려워하는 모양) 조심조심
- □ いつも　여느 때, 보통시
- □ わなにかかる　덫에 걸리다

그리고 나서 계속해서 너구리는 매일 밤 매일 밤 찾아와서 물레를 돌리는 흉내를 되풀이했습니다.

"장난꾸러기지만 귀엽네."

어느 날 밤, 오두막 뒤에서 꺅- 하는 외침 소리가 났습니다. 안주인이 조심조심 가 보았더니 평소의 너구리가 덫에 걸려 있었습니다.

「かわいそうに。わなに なんか かかるんじゃ ないよ。たぬきじるに されて しまう*で*。」

おかみさんは、そう いって、たぬきを にがして やりました。

やがて、山の 木の はが おちて、ふゆが やって きました。ゆきが ふりはじめると、きこりの ふうふは、村へ 下りて いきました。

- [ ] かわいそうに 불쌍하게
- [ ] ~なんか ~같은 것, 그런 것 〈앞의 것과 유사한 불특정한 어떤 것을 가리킴. 針(はり)かなんかで刺(さ)してみよう 바늘이나 뭔가로 찔러 보자〉
- [ ] たぬきじる 너구리 고기에 무・우엉 등을 넣은 된장국
- [ ] ~される ~당하다, ~되다 〈する의 수동형〉
- [ ] にがす(逃がす) 놓아주다, 도피시키다
- [ ] やがて 이윽고, 얼마 안 있어
- [ ] 木(こ)のは(木の葉) 낙엽 =きのは
- [ ] おちる(落ちる) 떨어지다, 지다
- [ ] ふゆ(冬) 겨울
- [ ] ゆき(雪) 눈
- [ ] ふりはじめる(降りはじめる) (눈・비 등이) 오기 시작하다, 내리기 시작하다
- [ ] ~と ~(하)자 〈앞의 일에 이어서 다음 일이 일어남을 나타냄〉
- [ ] 村(むら) 마을, 촌락
- [ ] 下(お)りる 내려가다

"불쌍하게. 덫 같은 덴 걸리는 게 아냐. 너구리 된장국이 되어 버린단다."
안주인은 그렇게 말하고 너구리를 도망가게 해 주었습니다.
이윽고, 산의 나뭇잎이 떨어지고 겨울이 왔습니다. 눈이 내리기 시작하자 나무꾼 부부는 마을로 내려갔습니다.

---

3 ～てしまう　～하여 버리다, ~하고 말다　[동사 て형+しまう]
본인의 의지와 무관하게 일이 그렇게 되어 유감임을 나타낸다.

パスワードを忘(わす)れてしまった。 패스 워드를 잊어버렸다.

4 ～てやる　～해 주다　[동사 て형+やる]
주체의 어떤 영향이 다른 대상에게 미치는 것을 나타낸다. 손아랫사람에게 사용하고, 조금 공손하게 나타낼 때에는 ～てあげる를 쓴다.

わんちゃんに小屋(こや)を作ってやりました。 강아지에게 집을 만들어 주었습니다.

* ～で　～때문에, ~으로
자기의 발언 내용을 상대에게 강요하는 기분을 나타내는 京都 말로, ぜ가 변화한 것이다. 현재는 주로 で를 쓰는 경향이다.

そんなことをするとしかられるで。 그런 짓을 했다간 혼난다.

はるに なって、また、きこりの ふうふは、山おくの こやに もどって きました。

とを あけた とき、おかみさんは あっと おどろきました。

いたの間(ま)に、白(しろ)い 糸の たばが、山の ように つんで あった[5]のです。そのうえ、ほこりだらけの はず[6]の 糸車には、まきかけた 糸まで かかって います。

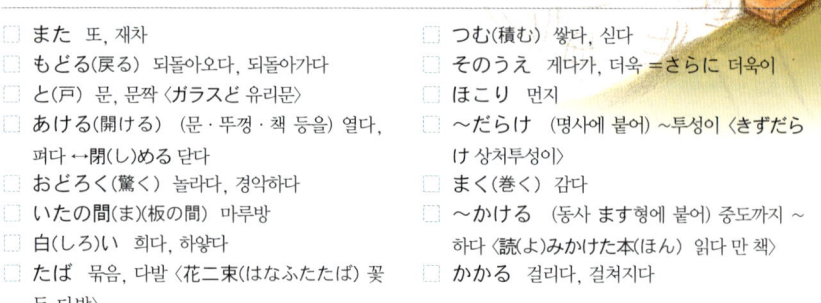

- また　또, 재차
- もどる(戻る)　되돌아오다, 되돌아가다
- と(戸)　문, 문짝 〈ガラスど 유리문〉
- あける(開ける)　(문·뚜껑·책 등을) 열다, 펴다 ↔閉(し)める 닫다
- おどろく(驚く)　놀라다, 경악하다
- いたの間(ま)(板の間)　마루방
- 白(しろ)い　희다, 하얗다
- たば　묶음, 다발 〈花二束(はなふたたば) 꽃 두 다발〉
- つむ(積む)　쌓다, 싣다
- そのうえ　게다가, 더욱 =さらに 더욱이
- ほこり　먼지
- ～だらけ　(명사에 붙어) ～투성이 〈きずだらけ 상처투성이〉
- まく(巻く)　감다
- ～かける　(동사 ます형에 붙어) 중도까지 ～하다 〈読(よ)みかけた本(ほん) 읽다 만 책〉
- かかる　걸리다, 걸쳐지다

봄이 되어 다시 나무꾼 부부는 산속의 오두막에 돌아왔습니다.
문을 열었을 때, 안주인은 앗 하고 놀랐습니다.
마루방에 흰 실뭉치가 산처럼 쌓여 있었던 것입니다.
게다가 먼지투성이여야 할 물레에는 감다 만 실마저 걸려 있습니다.

---

5 **~てある ~어져 있다** [타동사 て형＋ある]
인위적인 행위의 결과, 누군가 무언가를 해 놓은 상태를 나타내는 표현이다.

ノートに名前(なまえ)が書いてあります。 노트에 이름이 쓰여 있습니다.

6 **~はず ~할 터, ~일 것** [동사·い형용사의 기본형, な형용사な, 명사の＋はず]
말하는 사람이 어떤 근거에 의해 당연히 그렇다고 생각하는 것을 서술할 때 사용하는 표현으로, 이때 판단의 근거는 논리적으로 사리에 맞는 것이어야 한다.

彼女(かのじょ)はアメリカで留学(りゅうがく)していたから、英語(えいご)ができるはずだ。 그녀는 미국에서 유학했기 때문에 영어를 할 수 있을 것이다.

| 春(はる) 봄 | 夏(なつ) 여름 | 秋(あき) 가을 | 冬(ふゆ) 겨울 |

「はあて、ふしぎな。どう した こっちゃ。」

おかみさんは、そう おもいながら[7]、土間(どま)で ごはんを たきはじめました。すると、

　　キーカラカラ　キーカラカラ

　　キークルクル　キークルクル

と、糸車の まわる 音(おと)が、きこえて きました。びっくりして ふりむくと、いたどの かげから、ちゃいろの しっぽが ちらりと 見(み)えました。

- こっちゃ 일이야? 〈ことだ・ことでは의 축약형〉
- おもう(思う) 생각하다, 느끼다
- 土間(どま) 봉당
- ごはんをたく(炊く) (밥을) 짓다
- すると 그러자, 그랬더니
- 音(おと) 소리
- きこえる(聞こえる) 들리다
- びっくりする 깜짝 놀라다
- ふりむく(振り向く) 뒤돌아보다, 주위를 돌리다
- いたど(板戸) 판자문
- かげ(陰) 그늘, 뒤
- ちゃいろ(茶色) 갈색
- しっぽ 짐승의 꼬리, 물고기의 지느러미
- ちらりと 힐끗, 언뜻 〈ちらりと見る 힐끗 보다〉
- 見(み)える 보이다

"참, 이상하다. 어찌 된 일일까?"
안주인은 그렇게 생각하면서 봉당에서 밥을 짓기 시작했습니다. 그러자,
끽- 삐그덕 삐그덕 끽- 삐그덕 삐그덕
끽- 빙글빙글 끽- 빙글빙글
하고 물레 도는 소리가 들려왔습니다. 깜짝 놀라 뒤돌아보니, 판자문의 뒤로 갈색 꼬리가 힐끗 보였습니다.

7 　～ながら　～하면서　[동사 ます형+ながら]
　　동작의 병행을 나타낸다.

　　妹(いもうと)はご飯を食べながらテレビを見ている。
　　여동생은 밥을 먹으면서 텔레비전을 보고 있다.

そっと、のぞくと、いつかの たぬきが、じょうずな 手つきで、糸を つむいで いるのでした。たぬきは、つむぎおわると、こんどは、いつも おかみさんが して いた とおりに[8]、たばねて わきに つみかさねました。

- そっと 살짝, 가만히, 몰래
- いつか 언제였던가, 언젠가, 전에 〈과거의 불특정한 때를 나타냄〉
- じょうずだ(上手だ) 능숙하다, 잘하다
- 手(て)つき 손놀림, 솜씨 〈慣(な)れた手つき 익숙한 손놀림〉
- ～のです (설명, 혹은 강조의 의미로) ~인 것입니다
- つむぎおわる (실을) 다 잣다
- こんど(今度) 이번, 이 다음
- たばねる(束ねる) 묶다, 다발을 짓다
- わき 곁, 옆 =そば 옆
- つみかさねる(積み重ねる) 겹쳐 쌓다

살짝 들여다보니, 언젠가의 너구리가 능숙한 손놀림으로 실을 잣고 있는 것이었습니다. 너구리는 다 잣자 이번에는 언제나 안주인이 하고 있던 대로 다발을 지어 곁에 포개 쌓았습니다.

8 　～とおりに　～한 대로, ～처럼　[동사 기본형·た형, 명사の＋とおりに]
　通(とお)り에서 온 표현으로, ～ 그대로, ～와 같은 상태라는 뜻을 나타낸다.
　　私が言うとおりに書いてください。　제가 말한 대로 써 주세요.

たぬきは、ふいに、おかみさんが のぞいて いるのに 気が つきました。

たぬきは、ぴょこんと そとに とび下りました。そして、うれしくて たまらない[9]と いうように、ぴょんぴょこ おどりながら かえって いきましたとさ。

- ふいに(不意に) 문득, 느닷없이
- ぴょこんと (탄력 있게 가볍게 움직이는 모양) 훌쩍, 불쑥
- そと(外) 밖, 외부 ↔ うち 안, 내부
- とび下(お)りる(飛び下りる) 뛰어내리다
- うれしい 기쁘다
- ～というように ～라는 듯이
- ぴょんぴょこ (뛰어오르는 모양) 폴짝폴짝, 깡충깡충
- おどる(踊る) 춤추다
- ～とさ ～란다, ～단다〈전문의 뜻을 나타냄〉

너구리는 문득 안주인이 엿보고 있는 것을 알아챘습니다.
너구리는 훌쩍 바깥으로 뛰어내렸습니다. 그리고 기뻐서 어쩔 줄 모르겠다는 듯이 폴딱폴딱 춤추며 돌아갔답니다.

9 　～てたまらない　～하여 견딜 수 없다, 더할 나위 없이 ～하다
　　[동사 て형+たまらない]
　　감정이나 감각을 억누를 수 없음을 나타낸다.

　　頭(あたま)が痛(いた)くてたまらない。 머리가 아파서 견딜 수 없다.

지금까지「たぬきの 糸車」에서 익힌 표현들을 모았습니다.
내용을 상기하면서 풀어보고, 일반 회화에도 응용해 보기 바랍니다.

1 「たぬきの 糸車」에서 익힌 단어로 다음 퍼즐을 완성하세요.

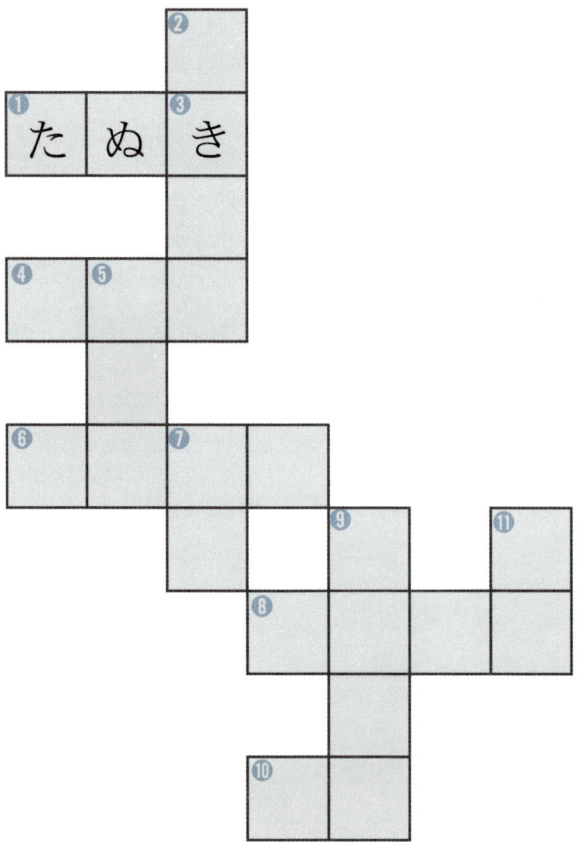

가로 열쇠

①너구리 ④먼지 ⑥산속 ⑧장난 ⑩봉당

세로 열쇠

②옆 ③나무꾼 ⑤오두막 ⑦소리 ⑨마루방 ⑪마을

2 「たぬきの 糸車」를 상기하면서 다음 빈칸에 들어갈 알맞은 어휘를 ◯에서 골라 써 넣으세요.

> おもわず　　こわごわ　　くるりくるり　　そっと
> ぴょこん　　ふいに　　　ちらり　　　　　ふと

❶ ＿＿＿＿＿＿＿＿ 気が つくと、やぶれしょうじの あなから 二つの くりくりした 目玉が こちらを のぞいて いました。

❷ 二つの 目玉も ＿＿＿＿＿＿＿＿ と まわりました。

❸ おかさんは ＿＿＿＿＿＿＿＿ ふき出しそうに なりました。

❹ おかみさんが ＿＿＿＿＿＿＿＿ いって みると、いつものた ぬきが、わなに かかって いました。

❺ びっくりして ふりむくと、いたどの かげから、ちゃいろの しっぽが ＿＿＿＿＿＿＿＿ と 見えました。

❻ ＿＿＿＿＿＿＿＿ のぞくと、いつかの たぬきが、じょうず な 手つきで、糸を つむいで いるのでした。

❼ たぬきは、＿＿＿＿＿＿＿＿、おかみさんが のぞいて いる のに 気が つきました。

❽ たぬきは ＿＿＿＿＿＿＿＿ と そとに とび下りました。

✅ CHECK UP

3 다음 보기와 같이 왼쪽 문장을 읽고 맞는 그림을 오른쪽에서 찾아 연결하세요.

보기 こえが する

❶ 糸を つむぐ

❷ わなを しかける

❸ かげが うつる

❹ わなに かかる

❺ にがして やる

❻ ゆきが ふる

❼ とを あける

❽ ごはんを たく

ⓐ (실을 잣다)
ⓑ (밥을 짓다)
ⓒ (덫을 놓다)
ⓓ (문을 열다)
ⓔ (소리가 나다)
ⓕ (눈이 내리다)
ⓖ (덫에 걸리다)
ⓗ (그림자가 비치다)
ⓘ (놓아주다)

4 다음 그림을 보고 보기와 같이 알맞은 어휘를 ◯에서 골라 문장을 완성하세요.

| 보기 | 糸の たばが <u>つんで</u> あります。 |

❶ ドアが _____ あります。

❷ 花が _____ あります。

❸ テレビが _____ あります。

❹ まどが _____ あります。

| つける　　おく　　あける　　しめる |

どうぞの いす

香山美子
こうやまよしこ

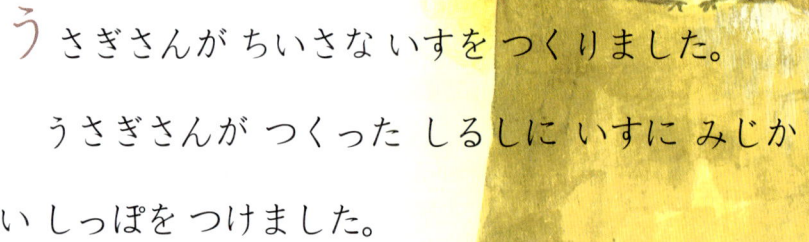

うさぎさんが ちいさな いすを つくりました。

うさぎさんが つくった しるしに いすに みじかい しっぽを つけました。

「さて、この いす、どこへ おこうかな。」

- どうぞ 부디, 아무쪼록 〈상대편에게 무엇을 허락하거나 권하거나 할 때 쓰는 말〉
- いす 의자
- うさぎ 토끼
- ちいさな(小さな) 자그마한, 작은 ↔ 大(おお)きな 큰
- つくる(作る) 만들다, 제작하다
- しるし(印) 표시, 상징
- みじかい(短い) 짧다 ↔ 長(なが)い 길다
- しっぽ 꼬리
- つける(付ける) 붙이다, 달다
- さて 그런데, 한데 〈다른 화제로 바꿀 때 씀〉
- おこうかな(置こうかな) 둘까?, 놓을까? 〈置く(두다, 놓다)의 의지형 置こう+か(의문형 조사)+な(자기 자신에게 질문하는 기분을 나타내는 조사)〉

'부디~' 의자

코야마 요시코

토끼님이 자그마한 의자를 만들었습니다.
　토끼님이 만들었다는 표시로 의자에 짧은 꼬리를 달았습니다.
　"그런데, 이 의자 어디에 둘까?"

ちょっと かんがえると たちまち いい かんがえが うかびました。

うさぎさんは たてふだを ひとつ つくりました。

はじめに やってきたのは ろばさんでした。

どうぞのいすを みると いいました。

「おや なんて しんせつな いすだろう。」

- ちょっと 잠시, 조금
- かんがえる(考える) 생각하다, 헤아리다
- ～と ～하자, ～하니〈앞의 일에 이어서 다음 일이 일어남을 나타냄〉
- たちまち 바로, 금세
- かんがえ(考え) 생각
- うかぶ(浮かぶ) (머릿속에) 떠오르다
- たてふだ(立札) 공문이나 게시물을 써 붙여 세운 팻말
- はじめに(初めに) 처음에
- やってくる 찾아오다, 오다
- ろば 당나귀 ＝うさぎうま
- みる(見る) 보다
- いう(言う) 말하다
- なんて 얼마나, 어쩌면 그렇게〈의문・영탄의 뜻을 나타냄〉
- しんせつだ(親切だ) 친절하다
- ～だろう ～(것)인가, ～(이)겠지〈상대에 대한 다짐이나 동의를 구함〉

잠시 생각하니 바로 좋은 생각이 떠올랐습니다.
토끼님은 팻말을 하나 만들었습니다.
처음에 찾아온 것은 당나귀 씨였습니다.
부디~ 의자를 보자 말했습니다.
"아니! 어쩜 이렇게 친절한 의자가 다 있지?"

ろばさんは どんぐりを いっぱい ひろって いえに かえるところ[1]でしたからね。

すわる かわりに かごを いすに おきました。

つかれて いたから いい きもち。

せなかが かるくなったから いい きもち。

おおきな きの したは いい きもち。

それで ろばさんは つい おひるね。

- どんぐり 도토리
- いっぱい 가득
- ひろう(拾う) 줍다 ↔ 捨(す)てる 버리다
- いえ(家) 집
- 〜から 〜(하)기 때문, 〜(한) 까닭 〈だ〜・です〜・ます〜〉의 꼴로 결과를 앞에 말하고, 원인·이유를 뒤에 설명하는 데 씀〉
- すわる(座る) 앉다
- 〜かわりに(代わりに) 〜대신에
- かご 바구니, 소쿠리 〈買(か)い物(もの)かご 시장 바구니〉
- つかれる(疲れる) 지치다, 피곤하다
- きもち(気持ち) 기분, 감정, 마음
- せなか(背中) 등 =背(せ)
- かるい(軽い) 가볍다
- 〜くなる 〈い형용사 어간에 이어져〉 〜해지다
- おおきな(大きな) 커다란 ↔ 小(ちい)さな 작은
- きのした(木の下) 나무 아래
- それで 그래서
- つい 그만, 그냥
- ひるね(昼寝) 낮잠

당나귀 씨는 도토리를 가득 주워 집으로 돌아가는 길이었기 때문이에요.
앉는 대신 바구니를 의자에 놓았습니다.
지쳐 있었기 때문에 좋은 기분.
등이 가벼워졌기 때문에 좋은 기분.
커다란 나무 아래는 좋은 기분.
그래서 당나귀 씨는 그만 쿨쿨 낮잠.

～ところ 막 ～할 참 [동사 기본형＋ところ]
어떤 동작을 지금 막 하려는 시점임을 뜻한다.

もうすぐ帰(かえ)るところです。 이제 곧 돌아갈 참입니다.

tip ～ところ는 이외에도 다음과 같은 뜻으로도 쓰인다.

① **～ているところ 한창 ～하고 있는 중** [동사 ている＋ところ]

今、かぎを探(さが)しているところです。 지금 열쇠를 찾고 있는 중입니다.

② **～たところ 막 ～한 참** [동사 た형＋ところ]

お昼(ひる)を食(た)べたところです。 점심을 막 먹은 참입니다.

そこへ くまさんが やってきました。

いすを みると いいました。

「これは ごちそうさま。どうぞならば えんりょ なく いただきましょう。」

くまさんは かごの なかの どんぐりを みんな たべて しまいました。

- くま(熊) 곰
- ごちそうさま 맛있게 잘 먹었습니다 〈식사를 끝냈을 때 또는 대접을 받았을 때 하는 인사말〉
- ～ならば ～(이)라면, ～(이)라니
- えんりょなく(遠慮なく) 맘껏, 거리낌 없이, 사양 않고 〈遠慮する 사양하다〉
- いただく 받다, 먹다, 들다 〈食べるの 겸양어〉
- ～ましょう (동사 ます형에 이어져) ～합시다
- なか(中) 안, 속
- みんな(皆) 전부, 모두

그곳에 곰 아저씨가 찾아왔습니다.
의자를 보자 말했습니다.
"이건 진수성찬인걸. **부디**~라면 맘껏 먹어야겠다."
곰 아저씨는 바구니 안의 도토리를 전부 먹어 버렸습니다.

「でも からっぽに して しまっては あとの ひとに おきのどく。」

そこで かわりに はちみつの びんを かごに いれて いきました。

そんな ことは しらない ろばさんは くうくう おひるね。

- でも 그래도, 하지만 〈それでもの 준말〉 =けれども
- からっぽ 속이 빔, 텅 빔 〈からっぽの財布(さいふ) 빈 지갑〉
- ～にする 어떤 상태가 되게 하다, ～로 하다
- あと(後) (시간적으로) 뒤, 나중, 다음
- ひと(人) 사람, 남 =他人(たにん)
- おきのどく(お気の毒) (폐를 끼쳐) 미안함, 죄스러움
- そこで 그래서
- はちみつ 벌꿀
- びん(瓶) 병 〈瓶が割(わ)れる 병이 깨지다〉
- いれる(入れる) 넣다, 담다
- そんなこと 그러한 일, 그런 줄
- しる(知る) 알다
- くうくう 쿨쿨

"하지만 빈 바구니로 만들어 버려서는 뒷사람에게 미안한걸."
그래서 대신 벌꿀 병을 바구니에 넣고 갔습니다.
그런 줄 모르는 당나귀 씨는 쿨~쿨~ 낮잠.

くまさんの つぎには きつねさんが やってきました。

やきたて[2]の ぱんを もって きました。

どうぞのいすを みると いいました。

「まあ ごちそうさま。どうぞならば えんりょなく いただきましょう。」

きつねさんは はちみつを みんな なめて しまいました。

- つぎ(次) 다음
- きつね 여우
- やきたて 갓구움
- ぱん 빵
- まあ 어머, 어머나〈놀라거나 뜻밖의 일을 당했을 때 내는 소리〉
- なめる 핥다, 맛보다 =味(あじ)わう

곰 아저씨 다음에는 여우 씨가 찾아왔습니다.
갓 구운 빵을 가지고 왔습니다.
부디~ 의자를 보자 말했습니다.
"어머! 진수성찬. 부디~라면 맘껏 먹어야겠다."
여우 씨는 벌꿀을 전부 핥아 먹어 버렸습니다.

---

2 **～たて 갓 ～한** [동사 ます형+たて]
　동작이 끝난 직후임을 뜻한다.

　　たきたてのご飯(はん)でお弁当(べんとう)を作(つく)りました。
　　갓 지은 밥으로 도시락을 만들었습니다.

「でも からっぽに して しまっては あとの ひとに おきのどく。」

そこで かわりに やきたての ぱんを いっぽん かごに いれて いきました。

そんな ことは しらない ろばさんは まだ おひるね。

きつねさんの つぎには じっぴき*の りすさんが やってきました。

くりを いっぱい ひろって もって いました。

どうぞのいすを みると いいました。

- いっぽん(一本) 한 덩어리, 한 자루
- まだ 아직(도), 지금껏 =いまだに 아직까지도
- 〜ぴき 〜마리 〈동물·새·물고기 등을 셀 때 쓰는 조수사〉
- りす 다람쥐
- くり(栗) 밤

"하지만 빈 바구니로 만들어 버려서는 뒷사람에게 미안한걸."
그래서 대신에 갓 구운 빵을 한 덩어리 바구니에 넣고 갔습니다.
그런 줄 모르는 당나귀 씨는 아직도 낮잠이네요.
여우 씨 다음에는 열 마리의 다람쥐가 찾아왔습니다.
밤을 가득 주워 가지고 있었습니다.
부디~ 의자를 보자 말했습니다.

* **いっぴき** 한 마리　　**にひき** 두 마리　　**さんびき** 세 마리
　よんひき 네 마리　　**ごひき** 다섯 마리　　**ろっぴき** 여섯 마리
　ななひき 일곱 마리　**はっぴき** 여덟 마리　**きゅうひき** 아홉 마리
　じっぴき・じゅっぴき 열 마리　　　　　　　**なんびき** 몇 마리

「ぼくたち くりは ひろいながら たべたけど ぱんは まだ たべてない。どうぞならば いただこう。」

じっぴきの りすさんは たちまち ぱんを たべてしまいました。

「でも からっぽに して しまっては あとの ひとに おきのどく。」

そこで かわりに くりを いっぱい かごに いれていきました。

- ぼく〈僕〉 나〈1인칭 남성어. 동등하거나 손아랫사람에게 사용〉↔君〈きみ〉 자네, 너
- 〜ながら〈동사 ます형에 이어져〉〜하면서
- 〜けど 〜이지만, 〜하지만〈けれども의 준말〉
- 〜てない 〜하고 있지 않다〈〜ていない의 회화체〉
- いただこう 먹자, 먹어야지〈いただく의 의지형〉

"우리들, 밤은 주우면서 먹었지만 빵은 아직 못 먹었어. 부디~라니 먹자."
열 마리의 다람쥐는 금세 빵을 먹어 치웠습니다.
"하지만 빈 바구니로 만들어 버려서는 뒷사람에게 미안한걸."
그래서 대신에 밤을 가득 바구니에 넣고 갔습니다.

「うー ふわあー。」

ろばさんが めを さましました。

「あ、あ、すこし やすみすぎた[3]かな。」

めを こすりこすり かごを のぞいた ろばさんは いいました。

「あれれれえ。どんぐりって くりの あかちゃん だったかしら。」

まさか！ おひるねが すこし ながすぎたんですよね。

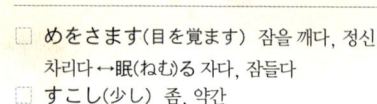

- めをさます(目を覚ます) 잠을 깨다, 정신 차리다 ↔ 眠(ねむ)る 자다, 잠들다
- すこし(少し) 좀, 약간
- やすみすぎる 너무 자다, 너무 쉬다
- こすりこすり (무언가를 문지르는 소리) 쓱쓱
- あれ 어라, 아니, 어머나 〈놀라거나 이상해하거나 할 때 내는 말〉
- 〜って 〜란, 〜라는 것은
- あかちゃん(赤ちゃん) 아기
- 〜かしら 〜(일)지 몰라, 〜(인)가 〈의문의 뜻을 나타냄〉
- まさか 설마, 아무리 그렇더라도 〈반어적인 표현으로, 예기하지 못한 가정을 나타냄〉
- ながすぎる(長すぎる) 너무 길다

"아~~~ 하암~~~."
당나귀 씨가 눈을 떴습니다.
"아, 아, 좀 오래 잤나?"
눈을 쓱쓱 문지르며 바구니를 들여다본 당나귀 씨는 말했습니다.
"어라아아아!!!! 도토리는 밤의 아기였던가?"
그럴 리가!! 낮잠이 조금 길었나 보군요.

3 **~すぎる 너무 ~하다, 지나치게 ~하다**
[동사 ます형, い형용사・な형용사의 어간+すぎる]
어떤 행위가 정도를 벗어난 것을 나타낸다.

昨日の宿題(しゅくだい)はむずかしすぎて、大変(たいへん)でした。
어제 숙제는 너무 어려워서 힘들었습니다.

보충학습

~と・~たら・~なら・~ば

1 ~と [동사・い형용사・な형용사 기본형+と]
~하면, ~하자, ~더니

진리나 법칙, 자연 현상, 일반적인 상식, 일회적이라도 어떤 조건이 갖춰지면 반드시 그러한 조건이 나타나는 경우, 습관이나 반복적 사실에 쓰인다.

春(はる)に なると、桜(さくら)が さく。 봄이 되면 벚꽃이 핀다.

2 ~たら
[동사 た형+ら, い형용사 어간+かったら, な형용사 어간+だったら, 명사+だったら]
~하면, ~하다면, ~더니

개별적, 일회적, 우연적 사건이나 특정적인 경우에 주로 쓰이며, 이 경우 화자의 초점은 뒤의 사건에 있다.

あした 雨(あめ)が 降(ふ)ったら、試合(しあい)は 中止(ちゅうし)に なる。
내일 비가 오면 시합은 중지된다.

3 ~なら [동사・い형용사 기본형, な형용사 어간, 명사+なら]
~이라면, ~할 거라면, ~한다면

전건에 대한 화자의 행동・의지・의견・조언・판단을 서술할 때나 시간상으로 앞의 사건보다 뒤의 사건이 먼저 성립될 때 사용한다.

彼(かれ)の ことなら、もう 知(し)って います。 그에 관한 일이라면 이미 알고 있어요.

4 ~ば [동사 ば형, い형용사 어간+ければ, な형용사+ならば, 명사+ならば]
~이라면, ~이면, ~한다면

가장 대표적인 조건 표현으로 앞의 사건보다 뒤의 사건에 핵심이 있다. 또한 현실과 반대되는 사실을 가정할 수 있다.

いっしょうけんめいに 勉強(べんきょう)すれば、大学(だいがく)に 入(はい)れる。
열심히 공부한다면 대학에 들어갈 수 있다.

✅ CHECK UP

지금까지 「どうぞの いす」에서 익힌 표현들을 모았습니다.
내용을 상기하면서 풀어보고, 일반 회화에도 응용해 보기 바랍니다.

1 다음 그림을 보고 「と・たら・なら・ば」중 가장 적당한 표현을 골라 문장을 완성하세요.

> 보기  春に　__なると__　さくらが　さきます。
> [なる 되다]

❶  東京に _____ 電話して ください。
　[着く 도착하다]

❷  日本語を _____ この 本が いいですよ。
　[勉強する 공부하다]

❸  窓を _____ 雪が 積もって いました。
　[開ける 열다]

2 다음 그림을 보고 ところ를 알맞은 형태로 바꾸어 (　) 안에 써 넣으세요.

> 보기  今 ごはんを (　食べた　) ところです。
> [食べる 먹다]

❶  今 子供が (　　　　　) ところです。
　[寝る 자다]

❷  今 ケーキを (　　　　　) ところです。
　[切る 자르다]

❸  ちょうど 今 仕事が (　　　　　) ところです。
　[終わる 끝나다]

天に のぼった おけや

川村たかし

むかし、ある ところに、のんきものの おけやが すんで いた。ある 日、

　トーンカッカ

　トーンカッカ

竹の わを はめて いると、どうした ことか 竹が はじけて、おけやは ぽうんと くもの 上まで とばされて しまった。

하늘로 올라간 통메장이

카와무라 타카시

옛날 어느 곳에 만사태평한 통메장이가 살고 있었다. 어느 날,

투웅 탁탁
투웅 탁탁

대나무 테두리를 끼우고 있자니, 어찌 된 일인지 대나무가 튕겨서 통메장이는 획 하고 구름 위까지 날려져 버렸다.

- 天(てん) 하늘
- のぼる 올라가다
- おけ 통, 나무통 〈風呂(ふろ)おけ 목욕통〉
- ～や(屋) ～장이, ～꾼 〈그 일을 전문으로 하는 사람임을 나타냄〉
- のんきもの 성격이 낙관적이고 느긋한 사람, 낙천가
- トーンカッカ 투웅 탁탁
- わ(輪) 테두리
- はめる 끼다, 끼우다 〈おけにわをはめる 통에 테를 메우다〉
- ～と （동사 기본형에 이어져） ～하자, ～하니
- どうしたことか 어찌 된 일인지
- はじける 사방으로 튀다, 터지다
- ぽうんと 획 하고
- とばされる(飛ばされる) 날려지다 〈飛ばす(날리다)의 수동형〉
- ～てしまう ～하여 버리다, ～하고 말다

「れ、まあ。ここは どこやろ。」

ふと 見ると、そばに たいこだの かがみだの[1] を もった かみなりが いる。

「よう きた。これから しばらくぶりで 雨ふらし に いく とこやけど、人が たらんで こまってた のや。ちょっとばかり てつだえ。なに、むつか しい ことや ない。わしが たいこ たたいたら、

- ~やろ 〈명사, 활용형의 연체형 등에 이어져〉 ~일까?, ~이겠지 =~(の)だろう
- ふと 문득, 우연히
- そば 옆, 곁
- たいこ(太鼓) 북 〈たいこを打(う)つ 북을 치다〉
- かがみ(鏡) 거울
- かみなり 천둥, 우뢰 〈かみなりが鳴(な)る 천둥이 치다〉
- よう 잘 〈よくの 방언적인 말〉
- これから 이제부터, 앞으로
- しばらくぶり 오래간만 =ひさしぶり
- ふらす(降らす) 내리게 하다
- とこ 참, 곳 〈ところの 속된 표현〉
- ~やけど ~인데, ~(이)지만 〈~だけど・~ であるけどの 옛말〉
- たらんで(足らんで) 모자라서, 부족하여서 〈たるのない형+ん(부정)+で〉
- こまる(困る) 곤란하다, 난처하다
- ~や ~(이)다 〈~だ・~であるの 옛말〉
- ちょっとばかり 잠깐 동안만, 잠시 동안만
- てつだえ(手伝え) 도와줘, 도와라 〈手伝う(돕다)의 명령형〉
- なに(何) 뭐, 그다지
- むつかしい 어렵다 =難(むずか)しい
- わし 나 〈남자 노인이 아랫사람에게 쓰는 1인칭 표현〉
- たたく 때리다, 두드리다, 치다
- ~たら ~하면, ~하니

"엇! 이런. 여긴 어디지?"
문득 보니 옆에 북이며 거울을 든 천둥이 있다.
"잘 왔네. 지금부터 오랜만에 비 내리러 가는 길이었는데, 사람이 모자라서 곤란해하고 있던 참이야. 조금만 도와줘. 뭐 그리 어려운 건 없어. 내가 북을 두드리거든,

1 　～だの～だの　～とか～とか, ～라는 등 ~라는 등
[동사・い형용사의 기본형, な형용사 어간, 명사+だの]
사물을 열거할 때 쓴다.

　　家では犬だのねこだのをかっている。집에서는 개라든가 고양이라든가를 기르고 있다.

おまえは この 水(みず)ぶくろから、雨の たねを ちくちく まくだけで ええのや。」

かみなりは、ずしりと おもい ふくろを、おけやに わたした。

「まきすぎるなよ。ほな、出(で)かけようか。」

- おまえ(お前)　너, 자네
- 水(みず)ぶくろ　물주머니
- ～から　～에서, ~(으)로부터
- たね(種)　씨앗
- ちくちく　토옥 토옥
- まく　씨를 뿌리다
- ～だけ　~만, ~뿐
- ええのや　괜찮은 거야, 좋은 거야 〈いい의 방언＋の＋や(감탄)〉
- ずしりと　(무거운 물건을 내려놓는 모양이나 그 소리) 묵직하게, 묵직한
- おもい(重い)　무겁다 ↔ 軽(かる)い 가볍다
- ふくろ　주머니
- わたす(渡す)　건네다, 넘기다
- まきすぎる　너무 뿌리다
- ～な　～(하)지 마라 〈동사 기본형에 이어져 금지를 나타냄〉
- ほな　자 〈주위를 환기시키는 말〉
- 出(で)かけようか　갈까?, 나갈까? 〈出かける의 의지형〉

자넨 이 물 주머니에서 비 씨앗을 토옥 토옥 뿌리기만 하면 되는 거야."
천둥은 묵직한 무거운 주머니를 통메장이에게 건넸다.
"너무 많이 뿌리진 말게. 자, 갈까."

かみなりは、たいこを ドコドコ ガラガラ ならし、かがみを ぴかぴか しゃきしゃき ひからせながら はしりだす²。それっと いうので、おけやも 雨のたねを ちくちく まく。ちくちく まくだけでも、下は ひどい 夕だちだ。
した　　　　　　　　　　　　　　ゆう

- ドコドコ 탁탁
- ガラガラ 둥둥
- ならす(鳴らす) 울리다, 소리를 내다 〈手(て)を 鳴らす 손뼉을 치다〉
- ぴかぴか (윤이 나며 반짝이는 모양) 반짝반짝
- しゃきしゃき (일을 재빨리 요령 있게 처리하는 모양) 척척
- ひからせる(光らせる) 빛나게 하다, 반짝이게 하다 〈光る의 사역형〉
- はしりだす(走り出す) 달리기 시작하다
- それ 자, 어서, 자 〈주위를 환기시키거나 할 때 하는 말. それっ은 それ의 힘줌말〉
- ～でも ～라도, ～일지라도
- 下(した) 아래, 밑 ↔ 上(うえ) 위
- ひどい 심하다, 혹독하다 ＝はなはだしい
- 夕(ゆう)だち 소나기

천둥은 북을 탁탁 둥둥 울리고, 거울을 번쩍번쩍 척척 빛내면서 뛰기 시작한다. 어서 하고 외치니 통메장이도 비 씨앗을 톡톡 뿌린다. 톡톡 뿌리는 것만으로도 아래는 심한 소나기이다.

2 ～だ(出)す ～하기 시작하다 [동사 ます형+だす]

주로 예상하지 못했던 일의 발생 혹은 돌발적인 일의 개시를 의미한다. 따라서 무의식중에 드러날 수 있는 감정을 나타내는 おこる (화내다), なく (울다) 등의 동사에 붙는 것이 자연스럽다 .

赤(あか)ちゃんが急(きゅう)に泣(な)き出(だ)した. 아기가 갑자기 울기 시작했다.

tip 동사 ます형+はじめる는 시작과 끝이 있는 일의 시작 단계를 나타낸다.

出発(しゅっぱつ)の時間(じかん)になると、汽車(きしゃ)が動(うご)きはじめた.
출발 시간이 되자 기차가 움직이기 시작했다.

ちょうど その 日は、たなばたまつり*だった。

あっちの 村でも、こっちの 村でも、

　ピイピイ カラカラ

　トンタコ トンタコ

　ふえや たいこで にぎやかだったから、ひさしぶりに 雨が ふって、うれしいやら ぬれるやらの 大さわぎ。

- ちょうど 마침, 꼭, 정확히
- あっち 저쪽
- 村(むら) 마을
- こっち 이쪽
- ピイピイ 삐리삐리
- カラカラ 둥둥
- トンタコトンタコ 쿵닥쿵닥
- ふえ 피리
- ~や ~랑, ~며 〈사물을 열거할 때 씀〉
- にぎやかだ 떠들썩하다, 번화하다
- ふる(降る) (눈·비 등이) 내리다
- うれしい 기쁘다, 반갑다 ↔ かなしい 슬프다
- ~やら ~와 ~와, ~랑 ~랑 〈명사, 활용형의 연체형에 이어져 단순한 열거를 나타냄〉
- ぬれる(濡れる) 젖다
- 大(おお)さわぎ 요란법석, 호들갑

마침 그날은 칠석 축제였다. 저쪽 마을에서도 이쪽 마을에서도,

삐리삐리 둥둥

쿵닥쿵닥

피리랑 북으로 떠들썩했기 때문에 오랜만에 비가 내려 기뻐하며 젖으며 요란법석.

★ たなばたまつり(七夕祭り) 칠석 축제
7월 7일 견우성과 직녀성을 기리는 축제로, 소원을 적은 종이(短冊たんざく)를 대나무에 묶고 소원이 이루어지기를 빈다. 仙台(せんだい) 지방의 칠석 축제가 유명하다.

おけやも おもしろくて たまらない。はしゃぎまわって いる うちに[3]、とうとう じぶんの 村に やって きた。

「日(ひ)でりつづきで 田(た)んぼは からからなのや。そうら、おまけじゃ。」

ちくちく どころか[4]、どぼっと 雨の たねを おとした、と みる まに、村は たちまち 大水(おおみず)だ。

- おもしろい 재미있다, 우습다
- 〜てたまらない 〜해서 견딜 수 없다, 〜해서 못 참겠다
- はしゃぎまわる 들떠서 (기뻐서) 떠들어대다
- とうとう 드디어, 마침, 결국 =ついに
- じぶん(自分) 자기 자신, 자기
- 日(ひ)でり(日照り) 가뭄 ↔梅雨(つゆ) 장마
- つづき 계속됨, 연결
- 田(た)んぼ 논
- からから (바싹 말라 물기가 없는 모양) 바짝바짝
- そうら 자
- おまけ 덤
- 〜じゃ 〜이다〈〜であるが 변한 말〉=〜だ
- どぼっと 툭 하고
- おとす(落とす) 떨어뜨리다, 낙하시키다
- 〜と 그러자〈앞의 일에 이어서 다음 일이 일어남을 나타냄〉=すると
- みるまに(見る間に) 보는 사이에, 바로
- たちまち 금세, 순식간에, 갑자기
- 大水(おおみず) 홍수

통메장이도 재미있어 어찌할 줄 모른다. 들떠서 돌아다니고 있는 사이에 드디어 자기 마을에 왔다.

"가뭄이 계속돼서 논은 바짝바짝 말랐어. 자아, 덤이다."

토옥 토옥은커녕 툭 하고 비 씨앗을 떨어뜨렸다. 그러자 바로 마을은 순식간에 홍수다.

---

3 ～うちに　～동안에　[동사 ている＋うちに]
어떤 동작이나 상태가 계속되는 중에 발생한 것을 나타낸다.

中国(ちゅうごく)について興味(きょうみ)があるので、いろいろ聞いているうちに、つい行ってみたくなった。 중국에 대해서 흥미가 있어서 여러 가지 물어 보는 동안에 문득 가 보고 싶어졌다.

4 ～どころか　～은(는)커녕　[동사・い형용사의 기본형, な형용사(な), 명사＋どころか]
예상하고 있는 것과 사실이 크게 차이가 날 때 사용한다.

彼はやさしいどころかきびしい人だ。 그는 상냥하기는커녕 엄한 사람이다.

「し、しまった。えらい こと した。」

のぞきこんだ とたん[5]、おけやは 足(あし) ふみはずして、まっさかさまに おちて いったって。

いっぽう、下の 村では……。

いなびかりやら、かみなりやら、大水やらで にげまわって いたが、どこかで、

「ほうい。たすけて くれえ。」

- しまった 아차, 아뿔사 〈실수했을 때 자신도 모르게 내는 말〉
- えらいことをする (예상 외로) 큰일 내다, 엄청난 일을 저지르다
- のぞきこむ 목을 길게 빼어 들여다보다
- ふみはずす 헛디디다
- まっさかさまだ (위, 아래가) 완전히 거꾸로이다 〈まっさかさまに落ちる 거꾸로 곤두박이치다〉
- ～ていく ～해져 가다 〈동작의 진행을 나타냄〉
- ～って ～대, ～라고 한다
- いっぽう 한편
- いなびかり 번개 ＝いなずま
- にげまわる 여기저기 도망 다니다, 요리조리 피해 다니다
- どこかで 어딘가, 어디에선가
- ほうい 어이 〈사람을 부르는 말〉
- たすける(助ける) 구하다, 살리다
- ～てくれ ～해 줘 〈～てくれる의 명령형〉

"크, 큰일났다. 엄청난 일을 저질렀다."
들여다보는 순간 통메장이는 발을 헛디뎌 거꾸로 떨어졌다고 한다.
한편 아래 마을에서는······.
번개며 천둥이며 홍수 등으로 여기저기 도망 다니고 있었는데 어딘가에서
"어~이! 살려 줘어~~."

5 **〜とたん   〜한 순간, 막 〜하려던 참에** [동사 た형＋とたん]
'〜 한 순간 ···하다'라는 뜻으로, 동작의 동시・연속 발생을 나타낸다. 뒤에는 예상하지 못한 우발적인 일이 온다.

会社(かいしゃ)を出(で)て歩(ある)きはじめたとたん夕立(ゆうだち)が降りました. 회사를 나와 막 걷기 시작한 순간 소나기가 내렸습니다.

と、こえが する。だれだろうと さがして みると、おてらの 五(ご)じゅうのとうに おけやが しがみついて、

「ほうい。」

と よんで いる。

のぼるには たかすぎるし、つなを なげても とどかない。

- こえがする （사람의 목소리나 동물의 울음소리 등의) 소리가 나다
- だれ　누구
- 〜だろう　〜일까?, 〜(이)겠지? 〈추량・의문을 나타냄〉
- さがす(探す)　찾다
- 〜てみる　〜해 보다
- てら(寺)　절 〈お는 미화어〉
- 〜じゅう　(겹쳐 있는 것을 세는 말) 〜층
- とう(塔)　탑
- しがみつく　달라붙다, 매달리다
- よぶ(呼ぶ)　부르다
- たかすぎる(高すぎる)　너무 높다
- 〜し　〜(하)고 〈열거를 나타냄〉
- つな　밧줄 ＝ロープ(rope)
- なげる(投げる)　던지다, 내던지다 ＝ほうる
- とどく(届く)　닿다, 미치다

하고 소리가 난다. 누굴까 하고 찾아보니 절의 오층탑에 통메장이가 달라붙어,
　"어~이."
하고 부르고 있다.
　　오르기엔 너무 높고, 밧줄을 던져도 닿지 않는다.

「ふろしきを あつめて こい。」

おしょうさんの さしずで、ふろしきを つなぎあわせ、みんなが まわりから ひっぱって いると、おけやは ぽうんと とびおりて、やっと 村に もどって きたって。[6]

- ふろしき　보자기
- あつめる(集める)　모으다, 집합시키다
- こい　와라〈来る의 명령형〉
- おしょうさん　스님
- さしず(指図)　지시, 지휘
- つなぎあわせる　서로 잇다, 서로 묶다
- まわり　주위, 둘레, 가장자리
- ひっぱる　잡아당기다, 끌다
- とびおりる(飛び下りる)　뛰어내리다 ↔飛(と)び上(あ)がる 뛰어오르다
- やっと　겨우, 가까스로 =ようやく
- もどる　되돌아가다, 되돌아오다

"보자기를 모아 와."
　스님의 지시로 보자기를 서로 이어서 모두가 가장자리에서 잡아당기고 있자, 퉁메장이는 휙 하고 뛰어내려 겨우 마을로 돌아왔다고 한다.

6　～って　～(이)라고 [동사・い형용사의 보통형, 명사＋って]
～といって와 같은 뜻으로, 다른 사람의 말을 인용했음을 나타낸다.

おねえさんは小包(こづつみ)を送(おく)るって、郵便局(ゆうびんきょく)へ行きましたよ。
언니는 소포를 보낸다고 우체국에 갔어요.

tip ～って는 이외에도 다음과 같은 뜻으로도 쓰인다.
① **～(이)라고**
～と와 같은 뜻으로, 전달 사항을 나타낸다.

クラスの代表(だいひょう)を学級委員(がっきゅういいん)っていうんです。
학급의 대표를 학급 위원이라고 부릅니다.

② **～(이)라는 것은**
～というのは 와 같은 뜻으로, 주제를 나타낸다.

人生(じんせい)ってほんとうにわからないものだ。 인생이란 정말 알 수 없는 것이다.

③ **～(이)라니**
상대의 질문에 대해 설명이나 반문하는 뜻을 나타낸다.

会社(かいしゃ)をやめるって、どうしてですか。 회사를 그만둔다니 왜 그래요?

それからも、おけやは
なんだか あの かみなりに
あいたくて、空(そら)を 見(み)あげ 見あげ、
おけの わを はめて いたそう[7] な。
トンカッカ トントン
トンカッカ トントン……

□ それからも 그리고 나서도
□ なんだか 어찌 된 일인지, 웬일인지
□ あの (상대가 이미 알고 있는) 그, 예(例)의
□ ～にあう(会う) ～를(을) 만나다
□ ～たい (동사 ます형에 이어져) ～(하)고 싶다
□ 空(そら) 하늘
□ 見(み)あげる 올려다보다, 쳐다보다 ↔ 見下(みお)ろす 내려다보다
□ ～な ～말이지, ～말이야 〈문장 끝에 쓰여서 가벼운 영탄을 나타냄〉

그리고 나서도 통메장이는 어찌 된 일인지 그 천둥을 만나고 싶어서, 하늘을 올려다보고, 또 올려다보며 물통 테두리를 끼우고 있었다나.

퉁탁탁 툭툭

퉁탁탁 툭툭……

---

7 〜そうだ 〜(이)라고 하다
　　[동사・い형용사・な형용사・명사だ의 보통형+そうだ]
　　직접 보거나 들은 것이 아니라, 다른 사람을 통해 전해 들은 사실을 말할 때 쓴다.

　　あの店(みせ)のラーメンはおいしいそうです。　그 가게의 라면은 맛있다고 합니다.

✓ CHECK UP

지금까지 「天に のぼった おけや」에서 익힌 표현들을 모았습니다.
내용을 상기하면서 풀어보고, 일반 회화에도 응용해 보기 바랍니다.

1 다음 대화를 읽고 주어진 어휘를 「そうだ」의 두 가지 용법 중 알맞은 것을 골라 활용하여 문장을 완성하세요.

❶ 女：この 車 すてき！！ でも 結構 _____ ！！
   [高い 비싸다]

   男：ええ、田中さんに よると この 車 _____ よ。

❷ 女：あ、雨が _____ 。[降る 내리다]

   男：天気予報に よると 午後から 雨が _____ よ。

❸ 女A：ねえ！ 田中さん 最近 結構 _____ ね。
   [いそがしい 바쁘다]

   女B：うん、となりの 吉田さんから 聞いたんだけど、きのうも _____ よ。[徹夜する 철야하다]

❹ 女：あ、お腹 ペコペコ、この 近くに レストランは _____ ね。[ない 없다]

   男：田中さんに 聞いたんだけど、あの レストランは _____ よ。[おいしい 맛있다]

2 다음에서 설명하는 단어를 본문에서 찾아 쓰세요.

❶ 구름과 구름 사이, 또는 구름과 대지와의 사이에서 방전에 의해 빛과 소리가 발생하는 자연 현상. (　　　　　)

❷ 길다고 느껴지는 시간이 지난 것. (　　　　　)

❸ 물건을 싸는 데 이용하는 정사각형의 천. (　　　　　)

❹ 타악기의 하나로, 몸통의 양면이나 한쪽 면에 가죽을 바른 것. 채로 쳐서 울려 연주한다. (   )

❺ 빛의 반사를 이용해서 형상이나 모습을 비춰 보는 도구.
(   )

3 다음 보기와 같이 「って」를 사용하여 문장을 바꿔 보세요.

> 보기　　昨日　田中さん<u>と　いう</u>　人に　会いました。
> 　　　　　　　　　　って

❶ IT というのは　何の　ことですか。

→ _____

❷ 田中さんも　明日の　パーティーに　行くと　いって　いますよ。

→ _____

❸ 確認して　みたら　いまさら　キャンセルは　できないそうだよ。
　かくにん

→ _____

❹ 会社の　前の　「あじさい」と　いう　店に　行った　ことが　ありますか。

→ _____

❺ だからといって、好きな　スポーツを　やめる　つもりは　ない。
　　　　　　　　　す

→ _____
[つもり 작정, 의도, 셈]

CHECK UP 해답

해답 및 번역도 함께 실었습니다.

はなの みち

1 ❶ くま   ❷ あな   ❸ りす   ❹ ふくろ

2 보기 | 곰이 다람쥐에게 물으러 갔습니다.
  ❶ のみ
    | 친구와 커피를 마시러 갔습니다.
  ❷ み
    | 남동생과 영화를 보러 갔습니다.
  ❸ かい
    | 그는 책을 사러 갔습니다.
  ❹ べんきょうし
    | 도서관에 공부하러 갔습니다.

3 보기 | 주머니 안에 무언가 가득 들어 있습니다.
  ❶ あいて
    | 주머니에 구멍이 나 있습니다.
  ❷ かかって
    | 벽에 그림이 걸려 있습니다.
  ❸ ついて
    | 방 안에 난로가 켜져 있습니다.
  ❹ しまって
    | 창문이 닫혀 있습니다.

ふしぎ ふしぎ

1 보기 | 긴 귀가 달님으로부터 쑥 튀어나왔습니다.
  ❶ ぴょんぴょん
    | 토끼님들은 들판에서 깡총깡총 뛰어놀고 싶어졌습니다.
  ❷ ゆっくり
    | 달님은 천천히 내려왔습니다.

❸ ぺったん
| 토끼님들이 쿵덕쿵덕 떡치기를 하고 있습니다.

2 보기 | 여러 가지 모양의 귀 그림자가 달님에 비치게 되었습니다.
❶ 勉強する
| 타나카 씨는 어제부터 공부하게 되었습니다.
❷ 話せる
| 일본 사람과 이야기할 수 있게 되었습니다.
❸ 守る
| 타나카 씨는 약속을 지키게 되었습니다.
❹ 寝る
| 우리집 아이는 밤에 일찍 자게 되었습니다.
❺ 運動する
| 타나카 씨는 매일 아침 운동하게 되었습니다.

のんびり森の ぞうさん

1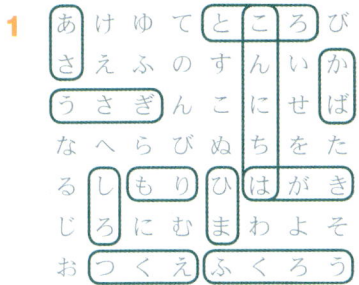

2 보기 | 토끼 씨는 바쁜 듯이 깡충깡충 뛰었습니다.
❶ おいし
| 이 빵은 맛있을 것 같습니다.
❷ 降り
| 비가 내릴 것 같습니다.

- ❸ 泣き
  - | 아이가 울 것 같습니다.
- ❹ 落ち
  - | 책이 떨어질 것 같습니다.
- ❺ 高
  - | 이 시계는 비쌀 것 같습니다.

3 보기 | 그 중에서도 빨간 집에 살고 있는 코끼리 아저씨는 가장 느림보 아저씨였습니다.
- ❶ ひっこして
  - | 오늘 이 숲에 이사 왔습니다.
- ❷ はいたつして
  - | 이것을 숲의 모두에게 배달해 주세요.
- ❸ たって
  - | 어제부터 하루 지나 있는 것도 걱정되지 않는 모습입니다.
- ❹ わらって
  - | 하마 씨는 방긋 웃으며 말했습니다.

けんかした 山

1 ④ → ① → ⑥ → ② → ③ → ⑤

2 보기 | 형은 나를 깨웠습니다. / 나는 형에게 깨워졌습니다.
- ❶ 踏みました / 踏まれました
  - | 옆 사람이 내 발을 밟았습니다. / 나는 옆 사람에게 발을 밟혔습니다.
- ❷ 呼びました / 呼ばれました
  - | 선생님은 나를 불렀습니다. / 나는 선생님에게 불려졌습니다.
- ❸ ほめました / ほめられました
  - | 엄마는 나를 칭찬했습니다. / 나는 엄마에게 칭찬받았습니다.
- ❹ さそいました / さそわれました
  - | 친구는 나에게 권유했습니다. / 나는 친구에게 권유받았습니다.

❺ 泣きました / 泣かれました
   | 아이는 밤새 울었습니다.

3 보기 | 엄마는 나에게 방 청소를 시켰습니다.
   ❶ 読ませました
      | 선생님은 나에게 책을 읽게 했습니다.
   ❷ 飲ませました
      | 엄마는 나에게 약을 먹게 했습니다.
   ❸ 洗わせました
      | 나는 남동생에게 옷을 빨게 했습니다.
   ❹ 通わせました
      | 엄마는 나를 학원에 다니게 했습니다.
   ❺ 買いに 行かせました
      | 아내는 나에게 과일을 사러 가게 했습니다.

たぬきの 糸車

1

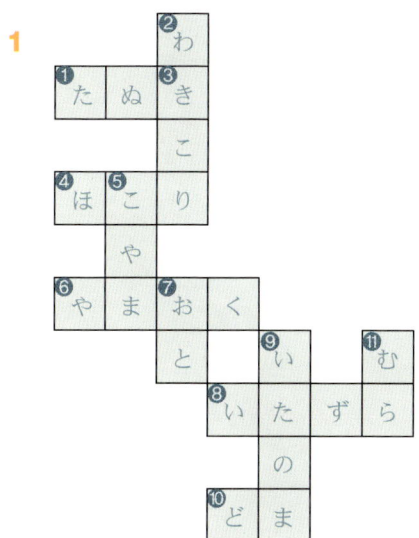

2 ❶ ふと
   | 문득 정신이 들자, 찢어진 장지문 구멍으로부터 두 개의 동글동글한 눈알이 이쪽을 엿보고 있었습니다.
❷ くるりくるり
   | 두 개의 눈알도 뱅그르르 돌았습니다.
❸ おもわず
   | 안주인은 자기도 모르게 웃음이 터질 뻔했습니다.
❹ こわごわ
   | 안주인이 조심조심 가 보았더니 평소의 너구리가 덫에 걸려 있었습니다.
❺ ちらり
   | 깜짝 놀라 뒤돌아보니, 판자문의 뒤로 갈색 꼬리가 힐끗 보였습니다.
❻ そっと
   | 살짝 들여다보니, 언젠가의 너구리가 능숙한 손놀림으로 실을 잣고 있는 것이었습니다.
❼ ふいに
   | 너구리는 문득 안주인이 엿보고 있는 것을 알아챘습니다.
❽ ぴょこん
   | 너구리는 훌쩍 바깥으로 뛰어내렸습니다.

3 ❶ ⓐ ❷ ⓒ ❸ ⓗ ❹ ⓖ ❺ ⓘ
   ❻ ⓕ ❼ ⓓ ❽ ⓑ

4 보기 | 실뭉치가 쌓여 있습니다.
❶ あけて
   | 문이 열려 있습니다.
❷ おいて
   | 꽃이 놓여 있습니다.
❸ つけて
   | 텔레비전이 켜져 있습니다.
❹ しめて
   | 창문이 닫혀 있습니다.

どうぞの いす

1 보기 | 봄이 되면 벚꽃이 핍니다.
- ❶ 着いたら
  | 토쿄에 도착하면 전화해 주세요.
- ❷ 勉強するなら
  | 일본어를 공부하는 거라면 이 책이 좋아요.
- ❸ 開けると / 開けたら
  | 창문을 열어 보니 눈이 쌓여 있었습니다.

2 보기 | 지금 밥을 다 먹은 참입니다. / 지금 막 밥을 다 먹었습니다.
- ❶ 寝ている
  | 지금 아이가 자고 있는 참입니다.
- ❷ 切った
  | 지금 케이크를 막 잘랐습니다.
- ❸ 終わった
  | 방금 일이 끝난 참입니다.

天に のぼった おけや

1
- ❶ 高そう / 高いそうだ
  | 女 : 이 차 멋져! 근데 꽤 비쌀 것 같아.
  男 : 응, 타나카 씨에 따르면 이 차 비싸대.
- ❷ 降りそう / 降るそうだ
  | 女 : 아, 비가 내릴 것 같아.
  男 : 일기 예보에 의하면 오후부터 비가 내린대.
- ❸ いそがしそう / 徹夜したそう
  | 女A : 있잖아, 타나카 씨 요즘 너무 바쁜 것 같아.
  女B : 응, 옆의 요시다 씨한테 들었는데 어제도 철야했대.

❹ なさそう / おいしいそうだ
| 女 : 아, 배고파! 이 근처에 레스토랑은 없는 것 같아.
| 男 : 타나카 씨에게 들었는데 저 레스토랑은 맛있대.

2 ❶ かみなり
❷ しばらくぶり
❸ ふろしき
❹ たいこ
❺ かがみ

3 보기 | 어제 타나카라는 사람을 만났습니다.
❶ ITって
| IT란 무엇을 말합니까?
❷ 行くって
| 타나카 씨도 내일 파티에 간다고 해요.
❸ できないって
| 확인해 보니 이제 와서 취소는 안 된다고 해요.
❹ 「あじさい」って店
| 회사 앞에 '수국'이라는 가게에 가 본 적이 있습니까?
❺ だからって
| 그렇다고 해서 좋아하는 스포츠를 그만둘 생각은 없다.

마음에 깊은 감명을 남기는 문장, 꼭 기억해 두고 싶은 문장을 적어보세요.

著作者
岡信子	はなのみち	꽃길
高田桂子	ふしぎふしぎ	이상해 이상해
川北亮司	のんびり森のぞうさん	느긋한 숲의 코끼리 아저씨
安藤美紀夫	けんかした山	서로 다툰 산
岸なみ	たぬきの糸車	너구리의 물레
香山美子	どうぞのいす	'부디~' 의자
川村たかし	天にのぼったおけや	하늘로 올라간 통메장이

다락원 일한 대역문고 - 초급1

일본초등학교 1학년 국어교과서선
日本の小学校1年生の国語教科書選

지은이 岡信子, 高田桂子, 川北亮司, 安藤美紀夫, 岸なみ, 香山美子, 川村たかし
역 주 조주희, 백송종
펴낸이 정규도
펴낸곳 (주)다락원

초판 1쇄 발행 2007년 1월 5일
초판 23쇄 발행 2025년 4월 1일

책임편집 이경숙, 김윤희
외주교정 이효정
디자인 서해숙
일러스트 윈일러스트

경기도 파주시 문발로 211
Tel: (02)736-2031 Fax: (02)732-2037
 (내용문의: 내선 460~465 / 구입문의: 내선 250~252)
출판등록 1977년 9월 16일 제406-2008-000007호

Copyright© 2007, 岡信子, 高田桂子, 川北亮司, 安藤悦子, 岸なみ, 香山美子, 川村たかし

저자 및 출판사의 허락 없이 이 책의 일부 또는 전부를 무단 복제·전재·발췌할 수 없습니다.
구입 후 철회는 회사 내규에 부합하는 경우에 가능하므로 구입문의처로 문의하시기 바랍니다.
분실·파손 등에 따른 소비자 피해에 대해서는 공정거래위원회에서 고시한 소비자 분쟁 해결
기준에 따라 보상 가능합니다. 잘못된 책은 바꿔 드립니다.

ISBN 978-89-5995-297-7 18730   978-89-5995-296-0(set)

http://www.darakwon.co.kr
다락원 홈페이지를 방문하시면 상세한 출판 정보와 함께 동영상강좌, MP3 자료 등 다양한 어학 정보를 얻으실 수 있습니다.

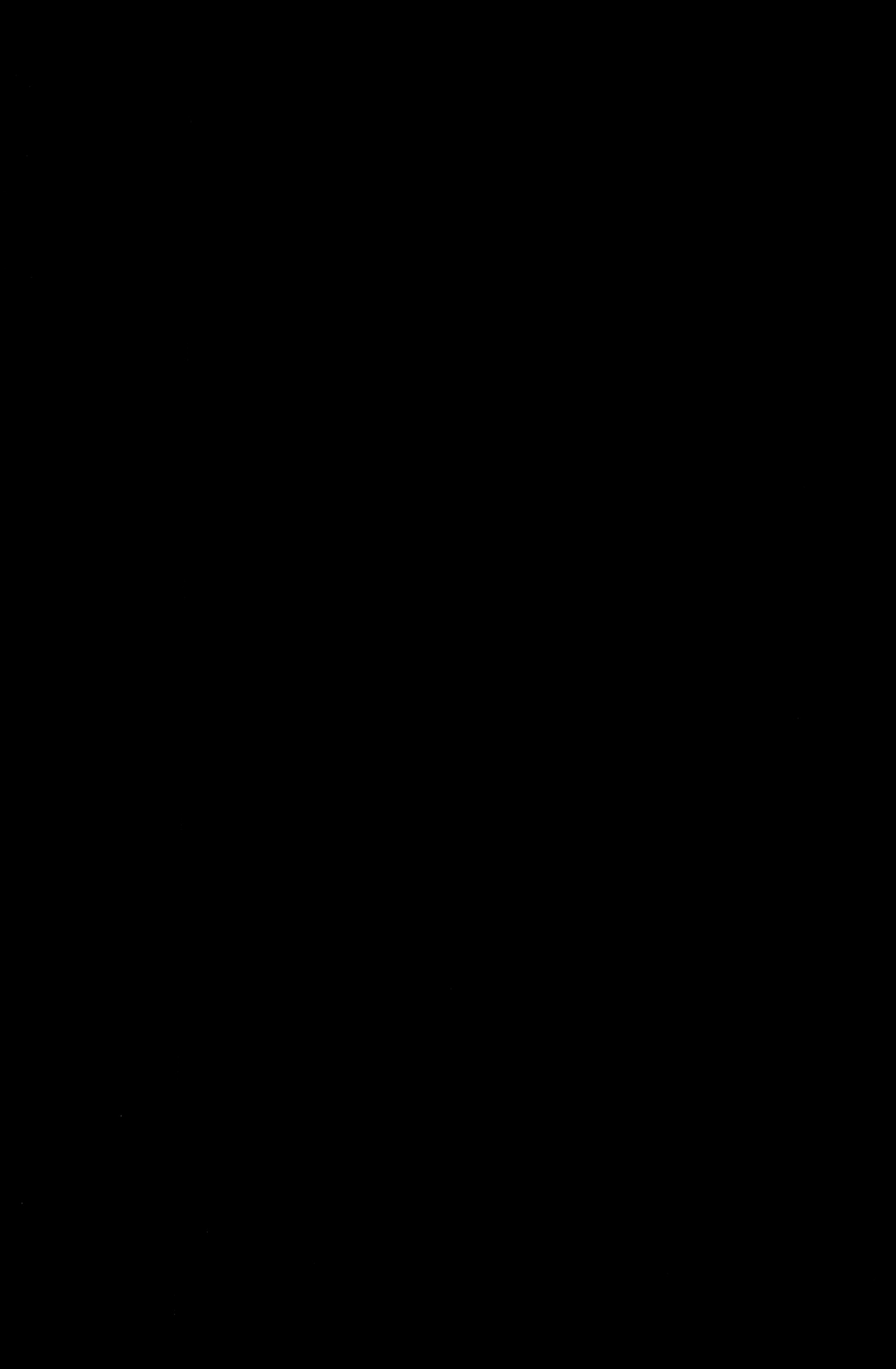

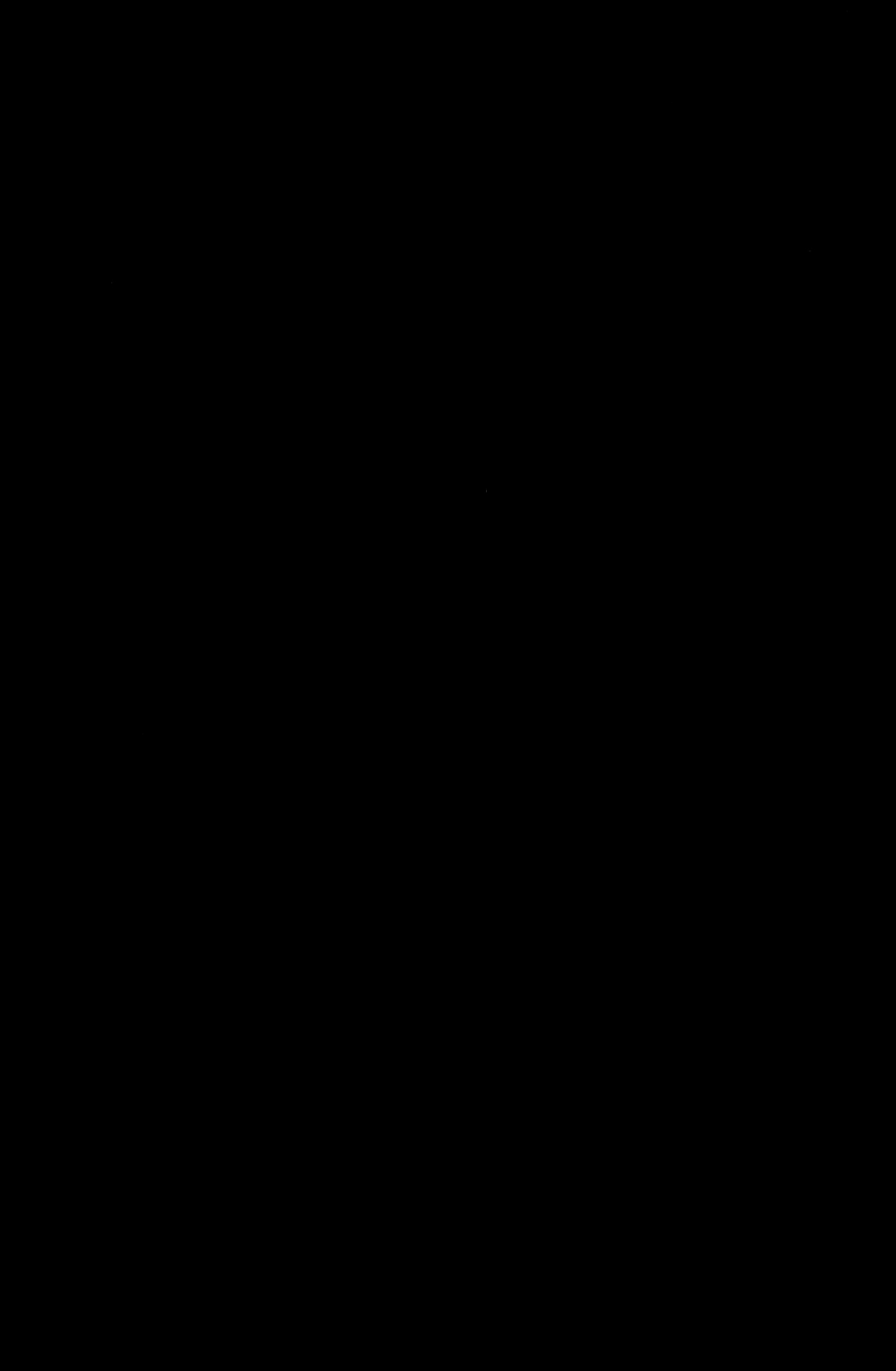